413
INTAKE
NL
NAVY
410

ZÉPHYR BD
76, rue de la pompe
75116 Paris
Tel : 06 16 30 46 24

Première édition

Imprimé en Belgique par Lesaffre
Maquette :Patrice Buendia
Relecture : Catherine Legendre-Narbeburu
Collection dirigée par Alexandre Paringaux
isabelle.tamisier@zephyreditions.net

Les crédits photos : US Navy, US Air Force, US DoD, Peter B. Lewis, USMC, René J. Francillon, NASA, Christian Jacquet, Bo Masek, Vietnamese News Agency, Jerry Edward, NNAM, Vought, Philip Vampatella.

Dépôt légal : septembre 2014
ISBN: 978-2-36118-162-8

www.zephyreditions.com

AIR FORCES VIETNAM

4. CRUSADER DANS LA TOURMENTE

Scénario :
Lieutenant JG Wallace

Dessins & Couleurs :
Enseigne JL Cash

Une édition limitée avec ex-libris de cet ouvrage numéroté et signé du dessinateur a été produite à 300 exemplaires.
En vente chez votre libraire et sur le site des éditions Zéphyr.

ZÉPHYR BD

Déjà parus

1. Opération Desoto

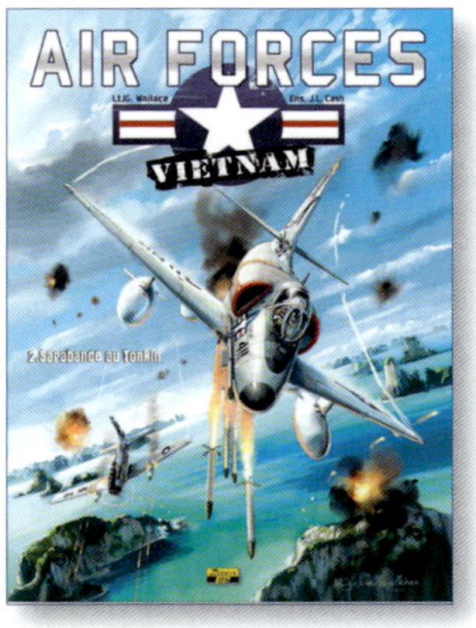

2. Sarabande au Tonkin

3. Brink Hotel Saigon

76, rue de la pompe
75116 Paris
Tél. : 06 84 18 35 04

Première édition

Imprimé en Belgique par Lesaffre
Maquette : Patrice Buendia
Relecture : Catherine Legendre-Narbeburu
Collection dirigée par Alexandre Paringaux
isabelle.tamisier@zephyreditions.net

Dépôt légal : septembre 2014
ISBN: 978-2-36118-147-5

www.zephyreditions.com

8 FÉVRIER 1965, PROVINCE DE QUANG TRI, PRÈS DE LA FRONTIÈRE LAOTIENNE...
KENNY ON APPROCHE DE NOTRE ZONE DE LARGAGE, DONNE LE SIGNAL POUR NOS GARS DERRIÈRE...
APRES LE LARGAGE TIENS-TOI PRÊT POUR DES ÉVASIVES*, ON SAIT JAMAIS QUI SE TROUVE LÀ-DESSOUS.
*MANŒUVRES DE CHANGEMENT T'ALTITUDES RÉALISÉES POUR ÉVITER UN ÉVENTUEL TIR DE DCA.
TU PARLES D'UNE MISSION ! BALANCER DES PAPELARDS DANS LA JUNGLE ! ON MÉRITE BIEN NOTRE SURNOM DE BULLSHIT BOMBER ...* !
SHUT UP, FOOL** ! CROIS-MOI, C'EST TOUJOURS MIEUX QUE LIVRER DES JOURNAUX À DETROIT !
*SURNOM DU C47 DANS SA VERSION DE GUERRE PSYCHOLOGIQUE TRACTS ET MESSAGES SONORES.
**TA GUEULE, IDIOT !
ALLEZ, BONNE LECTURE, PAYSANS !!!

AU MÊME MOMENT, SUR L'USS CORAL SEA, SALLE DE DÉBRIEFING DE LA VF-154…
L'OBJECTIF DE FLAMING DART EST DE LEUR MONTRER QUE NOUS SOMMES EN MESURE DE LEUR FAIRE TRÈS MAL, AU CŒUR DE LEUR TERRITOIRE…
RESTRICTED
NOUS FRAPPERONS SANS PITIÉ LES INSTALLATIONS VIETS ENTRE LE 17E ET 20E PARALLÈLE.
… ET…
EN RETARD ! DENVER OU DEVRAIS-JE DIRE DARKMAN !
SORRY SIR, J'ARRIVE À PEINE DE SUBIC*.
*BASE AÉRONAVALE US AUX PHILIPPINES, QUI SERVAIT DE ZONE DE REPOS.
RIEN À FOUTRE DE VOS EXCUSES, DARKMAN ! ON CONNAIT TOUS VOTRE RÉPUTATION DE TÊTE BRÛLÉE…
MAIS VOUS N'AUREZ PAS L'OCCASION DE JOUER LES CADORS CHEZ LES BLACK KNIGHTS…
ROGER ?!!
AYE AYE SIR !
OK JE CONTINUE. NOS CRUSADER SERONT ARMÉS DE ZUNI POUR LA SUPPRESSION DE LEUR DCA.
LA MOUSSON NE FACILITERA PAS NOTRE TÂCHE, PRÉVOIR PEU DE VISIBILITÉ SUR LES RELIEFS…
PEU APRÈS
TU SERAS MON AILIER ! PAS D'INITIATIVE PERSONNELLE, TU N'AS PAS LE DROIT À L'ERREUR. DES QUESTIONS ?
NON, COMMANDANT. J'AI BIEN PIGÉ, JE SERAI COMME VOTRE OMBRE.

UN DES VILLAGES DES BRU VAN KIEU, ETHNIE QUI PEUPLE LES HAUTS PLATEAUX ET LES MONTAGNES DE LA PROVINCE DE QUANG TRI ...
TRAN ! POURQUOI COURS-TU SI VITE ?
LES AMÉRICAINS ! LES AMÉRICAINS VONT VENIR CHEZ NOUS !
JE NE COMPRENDS PAS CE QU'ILS ONT ÉCRIT MAIS JE NE PENSE PAS QU'ILS DÉBARQUENT ICI.
ALLONS VOIR LE CHEF, IL SAURA NOUS DIRE.
GRAND PÈRE HOA, EXCUSE-MOI DE TE DÉRANGER, MAIS MON FILS TRAN A TROUVÉ CE PAPIER QUI EST TOMBÉ D'UN AVION AMÉRICAIN...
QU'EST-CE QU'ILS NOUS VEULENT CES YANKEES ?
ENVAHIR NOTRE PAYS NE LEUR SUFFIT PAS, ILS VIENNENT AUSSI NOUS DÉVERSER LEUR POISON.
NGUYEN, TRAN, ALLEZ PRÉVENIR TOUT LE MONDE, RÉUNION D'URGENCE !
LES IMPÉRIALISTES AMÉRICAINS PRÉPARENT UNE OPÉRATION DE LARGAGE D'UN PRODUIT POUR DÉGAGER DE LA VÉGÉTATION AUTOUR DE NOTRE VILLAGE DEMAIN MATIN...
RASSEMBLEZ VOS AFFAIRES, NOUS ÉVACUONS LE VILLAGE CE SOIR...
... NOUS PARTONS NOUS RÉFUGIER DANS LA GROTTE DE NOS ANCÊTRES.

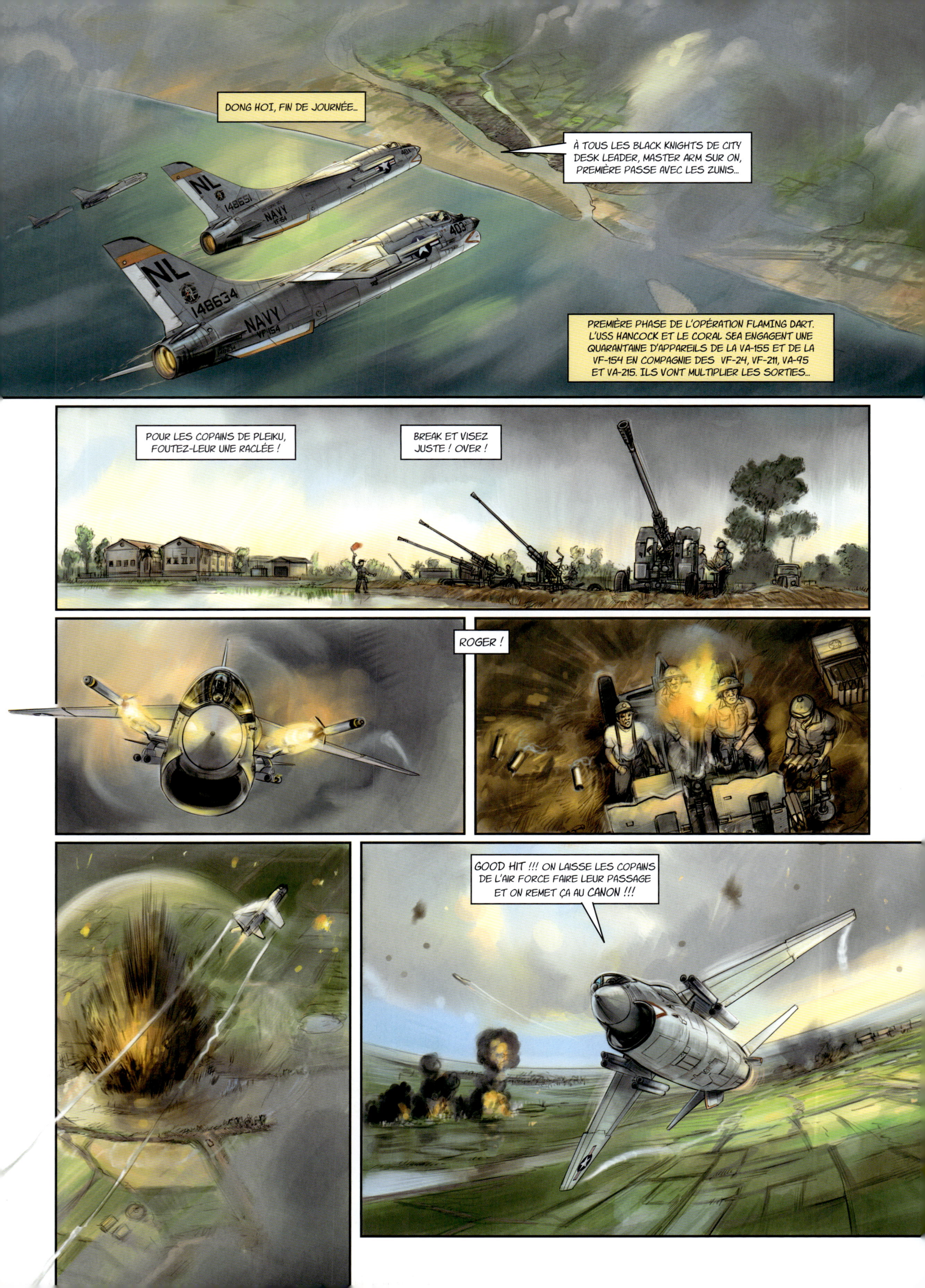

DONG HOI, FIN DE JOURNÉE...
À TOUS LES BLACK KNIGHTS DE CITY DESK LEADER, MASTER ARM SUR ON, PREMIÈRE PASSE AVEC LES ZUNIS...
PREMIÈRE PHASE DE L'OPÉRATION FLAMING DART. L'USS HANCOCK ET LE CORAL SEA ENGAGENT UNE QUARANTAINE D'APPAREILS DE LA VA-155 ET DE LA VF-154 EN COMPAGNIE DES VF-24, VF-211, VA-95 ET VA-215. ILS VONT MULTIPLIER LES SORTIES...
POUR LES COPAINS DE PLEIKU, FOUTEZ-LEUR UNE RACLÉE !
BREAK ET VISEZ JUSTE ! OVER !
ROGER !
GOOD HIT !!! ON LAISSE LES COPAINS DE L'AIR FORCE FAIRE LEUR PASSAGE ET ON REMET ÇA AU CANON !!!

LE SPECTACLE CONTINUE LES GARS ! ON VA LEUR MONTRER CE QUE SAIT FAIRE L'AIR FORCE !
PICKLE PICKLE !
PASSAGE TERMINÉ ! RTB !
LA TEMPÉRATURE MONTE SÉVÈRE DANS LE COIN ! ON NE S'ATTARDE PAS !!!
DE CITY DESK LEADER, JE REPÈRE LES DÉPARTS D'UNE BATTERIE DE 37 MM AU SUD DES BARAQUEMENTS EN FEU...
... IL Y A UNE ROUTE QUI FORME UN COUDE JUSTE DEVANT. BEGINNING MY RUN !
GOD DAMN IT ! MA PASSE EST TROP LONGUE ! DARKMAN À TON TOUR ! JE GRIMPE LE SECTEUR EST HOT !!!
CITY DESK LEADER, EN MONTÉE RAPIDE AU 045, LES BLACK KNIGHT ON REGROUPE ET RTB.

PLUS DE 400 NŒUDS ET IL EST EN TONNEAU INCONTRÔLÉ ! C'EST FOUTU !
DE CITY DESK LEADER ! JE SUIS TOUCHÉ ! OUT OF CONTROL ! JE M'ÉJECTE...
EJECT !
EJECT !
EJECT !
DE CITY DESK 2, VOUS AVEZ VU LA CHUTE DE CITY DESK LEADER ?
... JE L'AI PERDU DE VUE APRÈS MA RESSOURCE...
ICI 3 RIEN...
ICI 4... NON RIEN
JE SUIS BON POUR LE BOUILLON !
JE NE SENS PLUS MON ÉPAULE, LA CLAVICULE A DÛ LÂCHER...

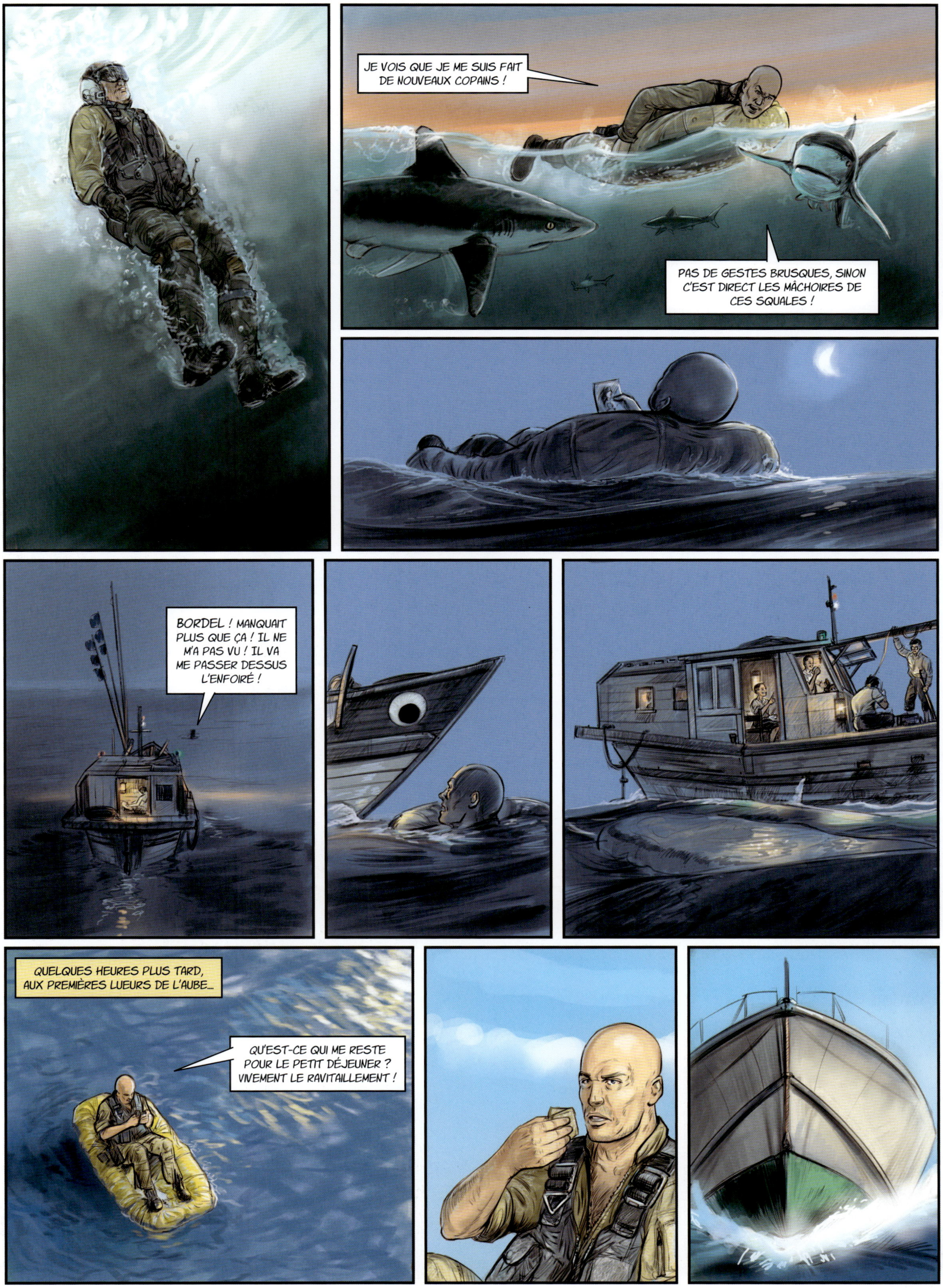

JE VOIS QUE JE ME SUIS FAIT DE NOUVEAUX COPAINS !
PAS DE GESTES BRUSQUES, SINON C'EST DIRECT LES MÂCHOIRES DE CES SQUALES !
BORDEL ! MANQUAIT PLUS QUE ÇA ! IL NE M'A PAS VU ! IL VA ME PASSER DESSUS L'ENFOIRÉ !
QUELQUES HEURES PLUS TARD, AUX PREMIÈRES LUEURS DE L'AUBE...
QU'EST-CE QUI ME RESTE POUR LE PETIT DÉJEUNER ? VIVEMENT LE RAVITAILLEMENT !

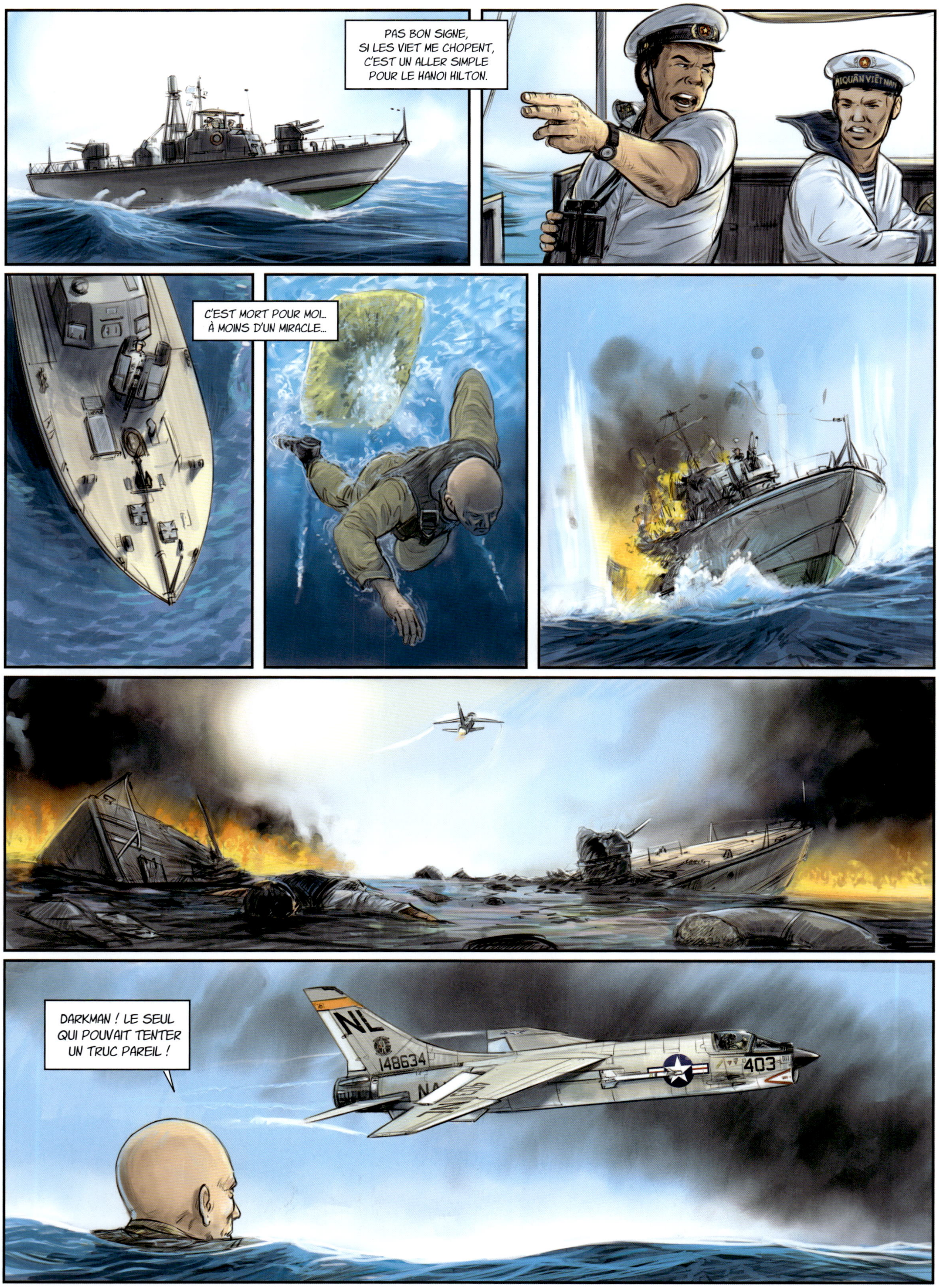
PAS BON SIGNE, SI LES VIET ME CHOPENT, C'EST UN ALLER SIMPLE POUR LE HANOI HILTON.
C'EST MORT POUR MOI... À MOINS D'UN MIRACLE...
DARKMAN ! LE SEUL QUI POUVAIT TENTER UN TRUC PAREIL !

USS CORAL SEA, LE COMMANDANT DONNELLY EST ACCUEILLI PAR SON ESCADRON ET LE PACHA DU NAVIRE
WELCOME BACK !
JE VOIS QUE VOUS ÊTES AU BOULOT POUR LA MISSION DE DEMAIN MATIN, JE SERAI BREF ALORS...
SIR JE...
LAISSEZ-MOI PARLER DENVER, J'AI APPRIS QUE C'EST BIEN VOUS QUI AVEZ ATTAQUÉ LE NAVIRE CHARLIE QUI VENAIT SUR MOI...
VOUS ÊTES PARTI SANS ORDRE, EN PRÉTEXTANT DE QUELCONQUES RAISONS. TOUT CECI EN RISQUANT LA PERTE D'UN PRÉCIEUX AVION DE LA NAVY !
VOUS PENSEZ ÊTRE UN HÉROS ?!! LE ROYAUME DES CIEUX EST PEUPLÉ DE GENS COMME VOUS !!!
À TITRE PERSONNEL, JE RAJOUTERAI CECI.
MERCI...
SECTEUR CIBLE DÉGAGÉ, VOUS POUVEZ VOUS METTRE EN POSITION, OVER !
ROGER !
9 FÉVRIER, RÉGION DE QUANG TRI.
ON ARRIVE SUR ZONE. ÊTES-VOUS PRÊT À BALANCER LA PURÉE ?
NO SMOKING
TOUT EST OK, BOB ! ON EST SUR ZONE, TU AS LE GO !
OK, J'AMORCE LA POMPE C'EST PARTI ! ON DÉFOLIE LE SECTEUR !

PHASE 2 DE LA MISSION DE DÉFOLIATION EMMENÉE PAR LE RANCH HAND DE LA 315 AIR COMMANDO AVEC POUR OBJECTIF DE PULVÉRISER 1 050 LITRES D'AGENT ORANGE À LA MINUTE.
MA FEMME M'A TOUJOURS DIT QUE J'AVAIS LA MAIN VERTE !
HAHAHAHA !!!
SACRÉ BOB !

2 MINUTES PLUS TARD, LA MÊME OPÉRATION AVEC INVERSEMENT DES RÔLES...
PLUS DE PRODUIT, ON VA REFAIRE LE PLEIN À LA BASE ET ON REMET ÇA...
QUELQUES HEURES PLUS TARD...
ALORS, TRAN, TU VOIS QUELQUE CHOSE ?
ILS SONT PARTIS, IL N'Y A PLUS UN BRUIT...
... ON DIRAIT QUE LA FORÊT S'EST ENDORMIE...
TOUT EST CALME.
BON, TOUT VA BIEN ! RETOURNONS AU VILLAGE .

BASE AMÉRICAINE DE CANTONNEMENT DE QUI NHON, QUELQUES HEURES APRÈS UN ATTENTAT MEURTRIER PAR UN COMMANDO VIÊT-CONG
BIENVENUE À QUI NHON, MONSIEUR L'AMBASSADEUR.
J'AURAIS PRÉFÉRÉ VENIR DANS D'AUTRES CIRCONSTANCES.
JE VOUS PRÉSENTE MONSIEUR AUSTIN, DES SERVICES SECRETS. IL DOIT VOUS AIDER À MENER VOS INVESTIGATIONS.
BILAN : AU MOINS UNE VINGTAINE DE MORTS IDENTIFIÉS ET DE NOMBREUX BLESSÉS. MAIS NOUS N'AVONS PAS FINI DE DÉGAGER LES DÉCOMBRES...
... ET BEAUCOUP DE DÉGÂTS. ILS ONT DÉTRUIT NOTRE STOCK D'ARMES ET DE MUNITIONS.
ILS N'Y ONT PAS ÉTÉ DE MAIN MORTE !
À FORCE, CES ATTENTATS RISQUENT DE CONTAMINER LE SUD. IL FAUT STOPPER CETTE HÉMORRAGIE, PAR TOUS LES MOYENS POSSIBLES.
COMMENÇONS PAR RENFORCER NOS DÉFENSES !
HO-CHI MINH A ENTAMÉ UNE VÉRITABLE PARTIE DE PING-PONG, UN COUP À TOI, UN COUP À MOI.
OUI, STEVE ! CES COCOS NOUS ONT PRIS DE COURT, MAIS LE DISPOSITIF COMMENCE À SE METTRE EN PLACE, DA NANG VIENT DE RECEVOIR UNE BATTERIE DE MISSILE HAWK.
ÉTATS-UNIS, LE 11 FÉVRIER, RÉUNION DE CRISE À LA MAISON BLANCHE...
LE VIÊT-CONG CONTINUE DE NOUS PROVOQUER ET DE TUER NOS SOLDATS. NOUS DEVONS RÉAGIR AVEC FERMETÉ, UNE RIPOSTE ÉCLAIR AVEC DES FRAPPES AÉRIENNES BIEN CIBLÉES... DANS LE NORD DU VIETNAM.
NE DEVRIONS-NOUS PAS ATTENDRE MACNAMARA POUR PRENDRE UNE DÉCISION ?
JE ME PASSERAI DE SON AVIS POUR CETTE FOIS. LANCEZ FLAMING DART II !

QUELQUES HEURES PLUS TARD, SUR LE CORAL SEA, QUI SE TROUVE EN ÉTAT D'ALERTE MAXIMALE...
403
DANGER
INTAKE
FLAMING DART I N'A PAS SUFFI À FAIRE PLIER LES VIETS, WASHINGTON NOUS DEMANDE D'ORGANISER UNE EXPÉDITION PUNITIVE QUI DOIT MARQUER LES ESPRITS...
LT DENVER "DARKMAN"
... EN ESPÉRANT QU'ILS COMPRENNENT LEUR INTÉRÊT CETTE FOIS ET QU'ILS RETOURNENT ENFIN À LA TABLE DES NÉGOCIATIONS.
AU MÊME MOMENT, CAMP DE KHE SANH...
CAPITAINE, UN MESSAGE DE SAIGON. C'EST TRÈS URGENT !
MERCI, GUNNY. DE TOUTE FAÇON, AVEC EUX, C'EST TOUJOURS URGENT !
QU'EST-CE QU'ILS ME VEULENT LES PLANQUÉS !
MERDE ! LES VIETS ONT ENCORE ATTAQUÉ UNE DE NOS BASES... ILS N'ONT PAS FAIT DE DÉTAILS, PUNKS !
LES BOYS, MAUVAISE NOUVELLE : LES PONTES DE SAIGON VEULENT QU'ON AUGMENTE LE NOMBRE DE PATROUILLES POUR STOPPER TOUTE TENTATIVE D'INCURSIONS DES TROUPES D'ONCLE HO. ON N'A PAS FINI DE SE BALADER DANS CETTE PUTAIN DE JUNGLE.

C'EST ÉTRANGE ! D'HABITUDE, LE MATIN LES SINGES CHANTENT... À CROIRE QU'ILS ONT DÉSERTÉ CETTE FORÊT...
?!
JE VAIS RENTRER, LA PLUIE APPROCHE...
DÉSOLÉ, JE N'AI RIEN RAMENÉ AUJOURD'HUI...
TANT PIS, ON MANGERA DES FRUITS DEMAIN.
AH NON ! TU DOIS EN RAMENER AVANT CE SOIR ! N'OUBLIE PAS QUE TU AS D'AUTRES TÂCHES À FAIRE À PARTIR DE DEMAIN...
J'EN AI VU DES FRUITS, IL Y A PLEIN... MAIS, J'AI EU PEUR... À CAUSE DE...
... ÇA. IL AVAIT DES FRUITS DANS SES PATTES ET SA BOUCHE LAISSAIT COULER DE LA BAVE...
VOILÀ LA PREUVE ! JE VOUS L'AVAIS BIEN DIT : CES MAUDITS AMÉRICAINS SÈMENT LA MORT PARTOUT OÙ ILS PASSENT...
BIENTÔT, CE SERA NOTRE TOUR ! JE VOUS AVAIS PRÉVENUS !

FLAMING DART 2 A PRIS POUR CIBLE LA CASERNE DE CHÁNH HÒA. LA VA-153 ET LA VF-154 EN COMPAGNIE DE LA VA-95 DE L'USS HANCOCK ENCHAÎNENT LES SORTIES ET LES FRAPPES CHIRURGICALES.
CITY DESK LEADER, ON VA ATTAQUER EN TBA, PAS LE CHOIX AVEC CE PLAFOND !
SOUVENEZ-VOUS NOTRE OBJECTIF EST SITUÉ JUSTE APRÈS LA VOIE FERRÉE À GAUCHE DU PONT, TOP À 2 MN DU TARGET !
LE COIN EST BIEN DÉFENDU ! QUEL RIDEAU DE FLAK ET ÇA TIRE JUSTE !
CIBLE TOUCHÉE À VOUS LES GARS !
À MON TOUR ! JE VAIS... !
PUTAIN DE CHARLIE ! JE SUIS TOUCHÉ ! JE SUIS EN FEU !
MAYDAY !
MAYDAY !
MAYDAY !
ÉJECTION, SHUMAKER ! ÉJECTION !

DE CITY DESK LEADER, CITY DESK 4 DESCENDU PAR NVA... ÉJECTÉ.
SONT ENRAGÉS AUJOURD'HUI LES CHARLIE ! SECOUSSES EN VUE !
MERDE, ILS M'ONT EU AUSSI ! AILE GAUCHE ENDOMMAGÉE !
TENEZ BON, ON ARRIVE SUR LA DMZ, JUSTE DERRIÈRE VOUS SEREZ PRESQUE À HUE...
IMPOSSIBLE D'ALLER JUSQUE-LÀ, JE PERD LE CONTRÔLE MAYDAY ! MAYDAY !
ESSAYEZ AU MOINS D'ATTEINDRE QUANG TRI ! AVEC UN PEU DE CHANCE, VOUS POURREZ REJOINDRE LE CAMP DE KHE SANH, IL Y A UNE BASE AVANCÉE DE BÉRETS VERTS...
JE NE PEUX PAS TENIR PLUS LONGTEMPS, JE M'ÉJECTE !
GOD BLESS YOU, DARKMAN !

LTJG NEHLICH
KING DE CITY DESK LEADER, DESK 2 DESCENDU PAR CHARLIE 6. CHERCHEZ FUMÉE ET PARACHUTE ! JE RÉPÈTE : CHERCHEZ FUMÉE ET PARACHUTE !
ROGER, CITY DESK LEADER ! ICI, BIRD DOG ONE! JE FONCE SUR ZONE, OVER !
IL N'Y A PLUS QU'À PRIER DE NE PAS TOMBER SUR UN PIEU OU UNE FOSSE AUX SERPENTS...
J'AURAI DE LA CHANCE SI JE NE ME BRISE PAS LE COU.

ICI, BIRDOG, DESK2, ME RECEVEZ-VOUS, OVER ?
AIR AMERICA
N9443
JE RÉPÈTE : ICI, BIRDDOG, DESK 2, ME RECEVEZ-VOUS, OVER ?
DEUX HEURES PLUS TARD.
DES NOUVELLES DE DENVER ? ET DE SHUMAKER ?
SELON LES RAPPORTS, SHUMAKER SERAIT EN VIE, IL A ÉTÉ CAPTURÉ PAR LES VIETS- ET SERAIT SUR LE POINT D'ÊTRE EMMENÉ AU HANOI HILTON. À PRENDRE AU CONDITIONNEL.
POUR DENVER, LES RECHERCHES N'ONT RIEN DONNÉ POUR L'INSTANT...
DARKMAN EST UN HOMME PLEIN DE RESSOURCES, AVEC LUI, TOUT EST POSSIBLE. KHE SAHNH N'EST PAS LOIN DE SA ZONE D'ATTERRISSAGE... MAIS...
... IL DEVRA ÉCHAPPER AUX VIETS QUI SONT CERTAINEMENT DÉJÀ EN CHASSE, ET AUX DANGERS QUI JALONNENT LA JUNGLE.

CHEF TUY HOA A PEUT-ÊTRE RAISON.
LA NATURE EST MALADE DEPUIS LE PASSAGE DES AIGLES AMÉRICAINS...
ICI, TOUJOURS PAS DE SIGNE DE VIE. JE RENTRE, LA NUIT VA BIENTÔT TOMBER.
MERDE, J'AI BOUSILLÉ MON BIPPER, JE N'AI PLUS DE MOYEN DE COMMUNIQUER AVEC QUI QUE CE SOIT. JE VAIS DEVOIR IMPROVISER...

LENDEMAIN MATIN, À L'AUBE...
PUTAIN, CE SERAIT TROP CON DE CREVER DANS CE PETIT PARADIS...
PREMIÈRE CHOSE, TROUVER À MANGER SINON, JE NE TIENDRAI PAS LONGTEMPS
AVEC CETTE BLESSURE QUI RISQUE DE S'INFECTER SI JE N'ARRIVE PAS À LA NETTOYER MIEUX QUE ÇA...
PAS UN BOUT DE CLAIRIÈRE À L'HORIZON, JE SUIS COINCÉ AU MILIEU DE CES GRANDS PICS VERTS...
FAUT QUE J'ATTIRE SON ATTENTION...
NON, CHUCKY, NE FAIS PAS CETTE CONNERIE. SI LES VIETS SONT À MES TROUSSES, ILS N'AURAIENT PLUS QU'À ME CUEILLIR COMME UNE FLEUR...
OPTION B : TROUVER CE FOUTU CAMP DE KHE SANH AVANT QUE LES VIETS ME TOMBENT DESSUS...

AMBASSADE DES ÉTATS-UNIS, SAIGON, QUELQUES HEURES PLUS TARD...
JE DÉTESTE TOUTE CETTE PAPERASSE... LE BRINK HOTEL ME MANQUE, L'AMBIANCE DE LA RADIO ÉTAIT PLUS COOL...
JE VOUS DÉRANGE ?
NON, NON, AU CONTRAIRE, UNE PETITE PAUSE SERA LA BIENVENUE...
ALORS, OÙ EN EST L'OPÉRATION DE NOTRE SECRÉTAIRE D'ÉTAT À LA DÉFENSE ?
S. AUSTIN
TOP SECRET
U.S. AIR FORCE
USAF
JE PENSE QU'IL PEUT ÊTRE CONTENT DE LUI, CHÁNH HOÀ EST QUASIMENT RAYÉ DE LA CARTE, MAIS...
... LA MAUVAISE NOUVELLE EST QUE DEUX PILOTES ONT ÉTÉ ABATTUS, LES CAPITAINES SHUMAKER ET DENVER.
VOUS AVEZ DIT DENVER ?
OUI, EN EFFET. POUR L'INSTANT, ON SAIT QU'IL A RÉUSSI À S'ÉJECTER DANS LA PROVINCE DE QUANG TRI. MALHEUREUSEMENT, LES RESCUE TEAM NE L'ONT PAS RÉCUPÉRÉ...
... SI PAR MIRACLE, IL EST ENCORE EN VIE, LES VIETS VONT LE TRAQUER... ET...
NORTH VIETNAM
DEMARCATION LINE
QUANG TRI
THUA THIEN
QUANG NAM
I CORPS
QUANG TIN
QUANG NGAI
KONTUM
IL EST VIVANT, JE LE SAIS ! C'EST UN DUR À CUIRE ! KHE SANH SE SITUE DANS LE SECTEUR, NON ?
OUI, LES BÉRETS VERTS SÉCURISENT LA ZONE...
PARFAIT, JE CONNAIS QUELQU'UN SUR PLACE QUI ME DOIT UNE FAVEUR...
... ET, LA PREMIÈRE DES MISSIONS DES PETITS HOMMES VERTS EST DE SECOURIR LES BREBIS ÉGARÉES...
U.S. ARMY

LE PARCOURS DU COMBATTANT COMMENCE !
UN MÈTRE… C'EST JOUABLE… JE N'AI QU'À SUIVRE LE COURS D'EAU…
DU POISSON-CHAT, DE LA PROTÉINE EN PAGAILLE !
ON M'AVAIT PRÉVENU QUE C'ÉTAIT DÉGUEULASSE… PAS UNE LÉGENDE…
PUTAIN DE MOUSSON ! FAUT QUE JE ME TIRE DE LÀ… ET QUE JE ME TROUVE UN COIN AU SEC !

KHE SANH, AU MÊME MOMENT...
ARMY 13573 22
DANGER
ARMY
QUI VIENT NOUS EMMERDER ! ?
LE ROUQUIN ? JE TE CROYAIS MORT !
QU'EST-CE QUI T'AMÈNE DANS CE TROU PERDU ?
UN SERVICE.
OK, BOY ! TU TOMBES BIEN, J'AI REÇU UN BON VIEUX BOURBON HIER ! VIENS ME RACONTER TON PROBLÈME...
UN DE NOS PILOTES SHOOTÉ DANS LA ZONE DE QUANG TRI. J'AI UN ESPOIR QU'IL S'EN SOIT SORTI.
POURRAIS-TU LANCER DES RECHERCHES ?
LES CHANCES DE SURVIE DE TON GARS SONT BIEN MINCES : LA MOUSSON, LA JUNGLE, LES VIETS... BEAUCOUP D'ÉLÉMENTS CONTRE LUI.
BON, DEMAIN, NOUS DEVONS LIVRER DU MATÉRIEL À XA LANG MIET...
... ON POURRA GLANER DES RENSEIGNEMENTS AU VILLAGE, PUIS POUSSER JUSQU'À AO LA VIEM. LES « MONTAGNARDS » SONT LES MEILLEURS GUIDES DE LA RÉGION.

JE N'AVANCERAI PAS PLUS AUJOURD'HUI, J'EN AI PLEIN LES BOTTES !
ALLONS VOIR SI CETTE GROTTE EST HOSPITALIÈRE...
VOYONS CE QUE L'ON PEUT TROUVER POUR SE FABRIQUER UNE TORCHE... AVEC TOUS CES RÉSINEUX, JE DEVRAIS POUVOIR M'EN SORTIR...
HOLY SHIT ! UN KING COBRA !!!

UNE HEURE PLUS TARD
UN REPAS CHAUD, QUE DU BONHEUR ! C'EST MEILLEUR QUE LA POISCAILLE !
LA DOULEUR DANS MON BRAS QUI REPREND, JE VAIS NETTOYER ÇA.
C'EST PAS BEAU À VOIR.
FAUT PAS QUE JE M'ÉTERNISE DANS CET ENFER VERT...

WASHINGTON, LE 13 FÉVRIER...
ONCLE HO NE VEUT RIEN ENTENDRE. NOUS NE POUVONS PAS LAISSER NOS ALLIÉS DU SUD DANS CETTE SITUATION SANS RÉAGIR.
IL Y VA DE NOTRE CRÉDIBILITÉ DANS LA RÉGION...
LES VIETS NE COMPRENDRONT QUE LA FORCE, RIEN D'AUTRE !
C'EST UNE CERTITUDE, MAIS LES RUSSES ET LES CHINOIS NOUS OBSERVENT DE PRÈS AUSSI, ON NE PEUT PAS SE PERMETTRE UN FAUX PAS...
C'EST UNE RÉALITÉ, MONSIEUR LE PRÉSIDENT, MAIS LE PEUPLE AMÉRICAIN NE COMPRENDRAIT PAS QU'ON ABANDONNE LE TERRAIN À DES COMMUNISTES.
QUE PROPOSEZ-VOUS ?
VOUS AVEZ MON PLAN DE MARCHE DANS CE DOSSIER. POUR MOI C'EST SIMPLE, ON ENVOIE DU LOURD AU NORD : BOMBARDEMENTS MASSIFS ET...
10213
... ET ENVOI DE TROUPES EN NOMBRE POUR OCCUPER LE TERRAIN. JE PENSAIS QUE ROLLING THUNDER SONNAIT BIEN COMME NOM DE GUERRE. LA DÉCISION VOUS APPARTIENT, MONSIEUR LE PRÉSIDENT.
KHE SANH, LE MÊME JOUR...
ARMY
ON SERA VITE FIXÉS, JE SERAI DE RETOUR DANS QUELQUES JOURS.
ARMY 06033
JE NE BOUGE PAS D'ICI. JE COMPTE SUR TOI, WILLIAMS RAMÈNE-MOI DARKMAN EN VIE !

ZONE DE DÉBARQUEMENT À 4 HEURES DE MARCHE DE XA LANG MIET. LE CAPITAINE WILLIAMS RETROUVE SES GUIDES MONTAGNARDS.
PÉRIMÈTRE SÉCURISÉ ! AVEZ-VOUS RENCONTRÉ DES DIFFICULTÉS ?
‹ LE RETOUR NE SERA PAS DE TOUT REPOS. LE CLIMAT REND PAS MAL DE CHEMINS IMPRATICABLES. MÊME LES TRIBUS LES PLUS AGUERRIES HÉSITENT À S'Y ENGAGER… ›
…‹ SAUF QUELQUES TÉMÉRAIRES, CAPABLES DE BRAVER LES PIRES CONDITIONS POUR SERVIR UNE CAUSE QU'ILS CROIENT JUSTE. J'AI CROISÉ UN GROUPE LA SEMAINE DERNIÈRE, CHARGÉS COMME DES MULES… ›
ILS SONT VENUS SE RAVITAILLER AU VILLAGE, PUIS SONT REPARTIS AUSSI VITE QU'ILS ÉTAIENT VENUS.
‹ QU'EN PENSE TRINH DUC ? ›
‹ IL A PEUR. CES HOMMES SONT DÉTERMINÉS ET NE RECULERONT DEVANT RIEN, NI PERSONNE ›
‹ NOUS METTRONS TOUT EN ŒUVRE POUR LES FAIRE RECULER… ›
CAPT'AIN, TOUT EST OK !
PARFAIT ! DÉPLOIEMENT SUR LA LARGEUR, UN BINÔME PAR ÉLÉPHANT…
… TU PRENDS LA TÊTE AVEC WOODKID. MATHESON, AVEC MOI ! ON FERMERA LA MARCHE !

QUELQUES HEURES PLUS TARD...
UN PEU DE RÉPIT... PAS DE REFUS...
C'EST LE MOMENT DE CHANGER D'AIR...
TOI, PAS BOUGER !
LAISSER ARME ET NOUS SUIVRE !
OK, CHARLIE ! T'EXCITE PAS !
LAISSEZ-MOI 5 MINUTES POUR ME REFAIRE UNE BEAUTÉ !
TOI, TE TAIRE ! AVANCE !
AH, SALOPERIE DE LACET...
SALUE BIEN TES ANCÊTRES DE MA PART !
ARRRRGHHHLLL !
ET, DEUX DE MOINS !

PAS BOUGER !
J'AURAIS PRÉFÉRÉ LE GOLDEN GATE... ON FERA AVEC... SINON JE SUIS BON POUR LE SAUT DE L'ANGE.
LET'S GET THE HELL OUT OF HERE* !
*FOUTONS LE CAMP D'ICI !
MOTHER FUCKER !!!

XA LANG MIET, FIN DE MATINÉE...
GUNNY, MATHESON, OCCUPEZ-VOUS DU MATÉRIEL. DEMANDE AUX GARS AUSSI DE DISTRIBUER DES VIVRES ET DES VÊTEMENTS À TOUT LE MONDE.
MES HOMMAGES, CAPITAINE WILLIAMS, HEUREUX DE VOUS REVOIR PARMI NOUS.
LE PLAISIR EST PARTAGÉ. COMMENT SE PORTE LE VIEUX SAGE ?
VIEUX... ET FATIGUÉ ! JE SUIS LAS DE CETTE GUERRE QUI TUE NOS ENFANTS...
... QUEL MONDE ALLONS-NOUS LAISSER ?
NOUS SOMMES LÀ POUR Y METTRE FIN, ET RAMENER DE LA SÉRÉNITÉ DANS VOTRE PAYS. HO CHI MINH PRÉTEND DÉFENDRE DES VALEURS DE PARTAGE...
... MAIS LE VIET-CONG SE CONDUIT COMME DES PILLARDS SANS FOI, NI LOI. BLOQUER LES TROUPES D'ONCLE HO ET L'EMPÊCHER DE PASSER PAR LE LAOS, NOTRE MISSION LA PLUS URGENTE.
NOUS AIMERIONS ÉTABLIR ICI UN RELAIS AVANCÉ EN LIEN AVEC KHE SANH. QU'EN PENSEZ-VOUS ?
SI LES COMMUNISTES LE DÉCOUVRENT, ILS NOUS LE FERONT PAYER TRÈS CHER.
J'AI BIEN CONSCIENCE DU DANGER QUI VOUS MENACE MAIS NOUS VOUS PROTÉGERONS CONTRE CETTE VERMINE.
AUTRE CHOSE : UN PILOTE DE LA NAVY S'EST FAIT DESCENDRE ET A RÉUSSI À S'ÉJECTER DANS LES PARAGES.
NOUS AVONS PERDU SA TRACE MAIS IL EST IMPÉRATIF DE REMETTRE LA MAIN DESSUS AVANT LES VIETS...
SA PRINCIPALE CHANCE DE SURVIE, C'EST LA RIVIÈRE KHE VA BONG. ELLE MÈNE JUSQU'AU VILLAGE D'AO LA VIEM.
JE PENSAIS M'Y RENDRE JUSTEMENT...
JE NE SUIS PAS CERTAIN QU'ON VOUS ACCUEILLE AVEC DES FLEURS...
...TUY HOA NE PORTE PAS LES IMPÉRIALISTES DANS SON CŒUR, ET ENCORE MOINS LES AVIATEURS ! IL EST CAPABLE DE FAIRE ALLIANCE AVEC LES COMMUNISTES.

UN PEU PLUS TARD...
ENCORE UN PETIT EFFORT, JE LE TIENS PRESQUE...
OUGH !
OUGH ! OUGH ! MERCI !

PAS DE PANIQUE, PETIT !
IL N'Y A PLUS QU'À PRIER QU'ELLES SOIENT ENCORE SUFFISAMMENT SÈCHES...
BAISSE LA TÊTE !
< PAS BOUGER ! PAS BOUGER ! >
VOUS N'AVEZ QUE CE MOT À LA BOUCHE... OUGH ! OUGH ! ÇA ME LANCE...
< JE VAIS TE PORTER >
JE NE SAIS PAS OÙ TU M'EMMÈNES, MAIS PAS LE CHOIX...
... JE TE FAIS CONFIANCE.

AO LA VIEM
... NOUS DEVONS RETROUVER IMPÉRATIVEMENT LE CORPS DU YANKEE. IL NOUS SERVIRA DE SYMBOLE DU TRIOMPHE DE LA RÉVOLUTION DU PEUPLE VIETNAMIEN...
TU ME DEMANDES BEAUCOUP, PHAM, CELA PEUT PRENDRE DES SEMAINES !
NOUS AVONS BESOIN DE CET HOMME, MORT OU VIF ! OÙ EST PASSÉ LE REBELLE QUE J'AI CONNU AU LYCÉE MY THO ?
JE COMBATS TOUJOURS L'OPPRESSION DE MON PEUPLE COMME JE L'AI FAIT JADIS À CAN THO EN 52 AVEC NOS CAMARADES CONTRE CES MAUDITS FRANÇAIS. ET JE N'AIME PAS NON PLUS LES MÉTHODES COLONIALISTES AMÉRICAINES...
... MAIS LA GUERRE A BEAUCOUP DÉTRUIT. JE PRÉFÈRE M'OCCUPER DU BIEN-ÊTRE DE MON VILLAGE.
JE COMPRENDS, MON AMI, MAIS TU DEVRAS UN JOUR CHOISIR TON CAMP : AVEC NOUS OU CONTRE NOUS !
LES CONDITIONS SONT EXÉCRABLES ET LES PRÉVISIONS SONT ASSEZ PESSIMISTES. NOUS SOMMES BLOQUÉS POUR UNE DURÉE INDÉTERMINÉE...
... NOUS DEVONS NOUS ARMER DE PATIENCE.
QUELLE MERDE ! POUVEZ-VOUS AU MOINS ENVOYER UN PETIT GROUPE JUSQU'À AO LA VIEM POUR RÉCOLTER DES INFORMATIONS ?
PAS SIMPLE ! LES MONTAGNARDS ÉVITENT DE S'AVENTURER TROP PRÈS DE LA DMZ. L'ARMÉE NORD-VIETNAMIENNE ET LE VIÊT-CONG Y CIRCULENT EN TOUTE SÉRÉNITÉ COMME DANS LEUR JARDIN.
OK, WILLIAMS ! TAYLOR, NOTRE CHER AMBASSADEUR, N'APPRÉCIERAIT PAS QU'ON COMMETTE UN IMPAIR. TENEZ-MOI AU COURANT, ON GARDE CONTACT, OVER !
OVER, OUT

DEUX JOURS PLUS TARD...
LE LENDEMAIN...
TA POTION MAGIQUE EST FANTASTIQUE. LA MÉDECINE DEVRAIT S'EN INSPIRER. RESTE À ÉCHAPPER AUX CHARLIE... ILS N'ABANDONNERONT PAS AUSSI FACILEMENT UN TRÉSOR DE GUERRE...
TU VAS SANS DOUTE POUVOIR ENCORE M'AIDER. J'ESPÈRE QU'ILS COMPRENDRONT...
HELP
US PILOT :
LT CHARLES JONES
DENVER
PRÉSENTE-TOI À KHE SANH AVEC CE PAPIER. TU LEUR EXPLIQUES ET TU LES CONDUITS JUSQU'ICI. TU COMPRENDS ?
< DANGER ! SOLDATS ! VILLAGE ! ATTENDRE ! >
OUI, JE SAIS, DANGEREUX POUR TOI MAIS C'EST LA SEULE SOLUTION CRÉDIBLE.
CHU HOI !
LA TANIÈRE AURA FINALEMENT PIÉGÉ L'OURS AMÉRICAIN.

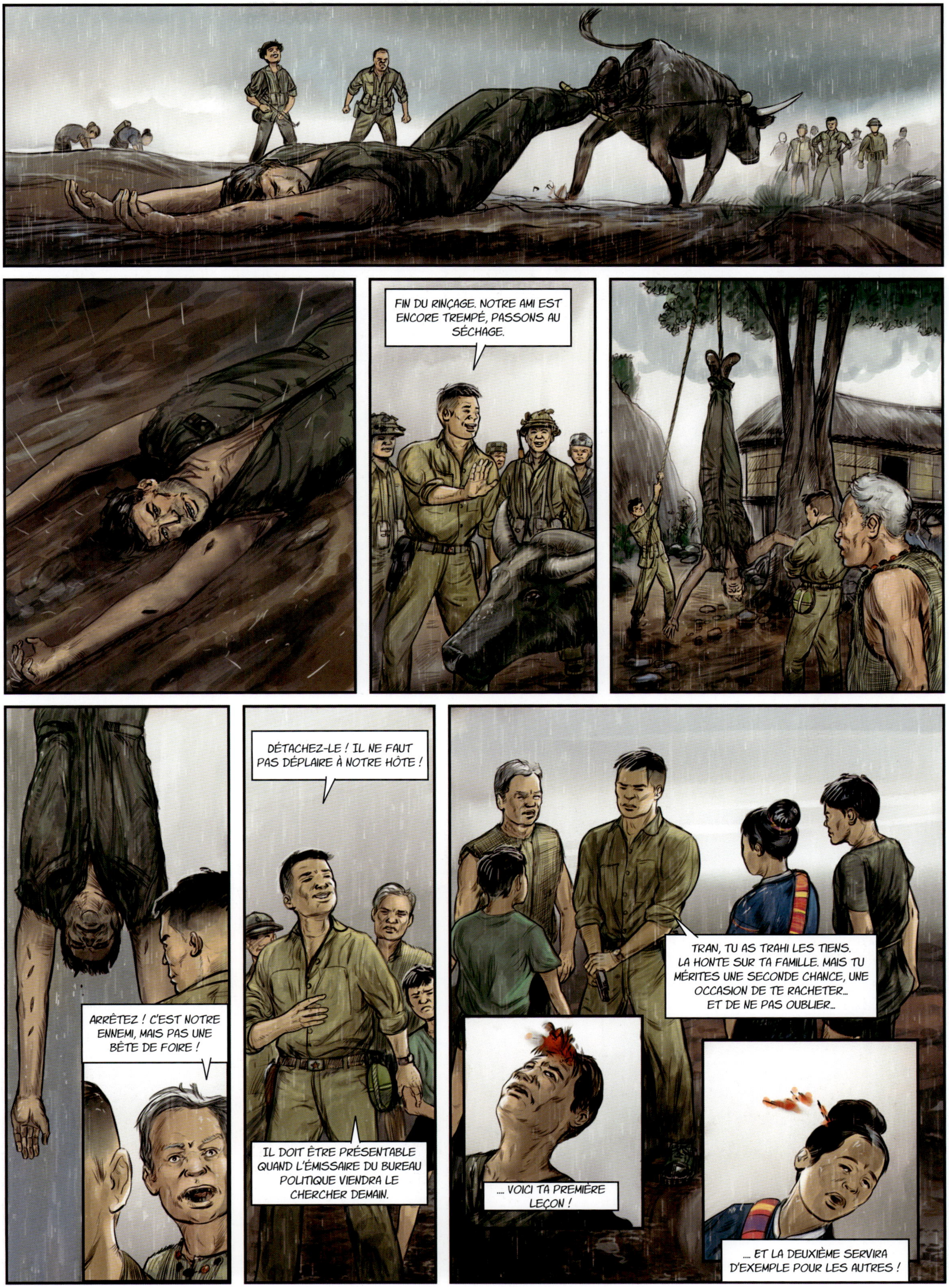
FIN DU RINÇAGE. NOTRE AMI EST ENCORE TREMPÉ, PASSONS AU SÉCHAGE.
ARRÊTEZ ! C'EST NOTRE ENNEMI, MAIS PAS UNE BÊTE DE FOIRE !
DÉTACHEZ-LE ! IL NE FAUT PAS DÉPLAIRE À NOTRE HÔTE !
IL DOIT ÊTRE PRÉSENTABLE QUAND L'ÉMISSAIRE DU BUREAU POLITIQUE VIENDRA LE CHERCHER DEMAIN.
TRAN, TU AS TRAHI LES TIENS. LA HONTE SUR TA FAMILLE. MAIS TU MÉRITES UNE SECONDE CHANCE, UNE OCCASION DE TE RACHETER... ET DE NE PAS OUBLIER...
... VOICI TA PREMIÈRE LEÇON !
... ET LA DEUXIÈME SERVIRA D'EXEMPLE POUR LES AUTRES !

IL EST TROP MIGNON L'AIGLON AMÉRICAIN DANS SA CAGE...
PROFITE DE LA VUE, CAMARADE, ELLE SERA MOINS AGRÉABLE QUAND TU SERAS LOGÉ AU HANOÏ HILTON !
AH ! AH ! AH !
SUIS-MOI ! FAUT QUE JE TE PARLE !
PHAM, TU POURRAIS AU MOINS RESPECTER LE DEUIL DE CETTE FAMILLE !
DÉSOLÉ, J'AURAIS PRÉFÉRÉ UNE ISSUE DIFFÉRENTE MAIS C'EST LA GUERRE, ET ELLE NE PARDONNE RIEN...
NOUS LEVONS LE CAMP DEMAIN MATIN. LE COMMISSAIRE XUAN VU NOUS ATTEND À DONG HOI
NOTRE VILLAGE POURRA ENFIN RETROUVER UN PEU DE SÉRÉNITÉ.
TON VILLAGE, OUI... MAIS TOI, TU FAIS PARTIE DU VOYAGE... ET J'EMMÈNE AUSSI LE JEUNE TRAN.
TU ES DEVENU FOU ! PAS QUESTION DE CONTRARIER LES ESPRITS DE LA FORÊT EN ÉTANT ABSENT AUX FUNÉRAILLES !
JE NE TE LAISSE PAS LE CHOIX. TA CONNAISSANCE DU PARCOURS JUSQU'AU COL DE LA DENT DU TIGRE M'EST INDISPENSABLE POUR GAGNER DU TEMPS ET ÉVITER LES MAUVAISES RENCONTRES. ET, PUIS, TU NOUS GUIDERAS À TRAVERS ...
... L'ANTRE DU DRAGON.

LENDEMAIN MATIN, À L'AUBE, À L'APPROCHE DU COL DE LA DENT DU TIGRE...
À TOI DE JOUER ! TU OUVRES LA VOIE AVEC NGUYEN. IL EST SAPEUR MINEUR, IL A LE NEZ FIN POUR LES PIÈGES.
QUE CRAINS-TU ?
JE ME MÉFIE DES MAUVAISES SURPRISES QU'AURAIENT PU LAISSER LES FRANÇAIS...
UNE GRENOUILLE ! ENCORE UN SYMBOLE FRANÇAIS !
MAUVAIS PRÉSAGE !
ON PRESSE LE PAS ET ON AVANCE EN ORDRE SERRÉ. AU MOINDRE GESTE SUSPECT, VOUS ABATTEZ LE YANKEE !
STOP ! ATTENDEZ ! UN PIÈGE !

REPLI !
NE RESTE PAS DANS LES TRAJECTOIRES DES BALLES ! METS-TOI DERRIÈRE MOI !

L'ANTRE DU DRAGON SERA TA DERNIÈRE DEMEURE...
CAPITAINE WILLIAMS, DES FORCES SPÉCIALES. CAPITAINE DARKMAN, JE PRÉSUME ?

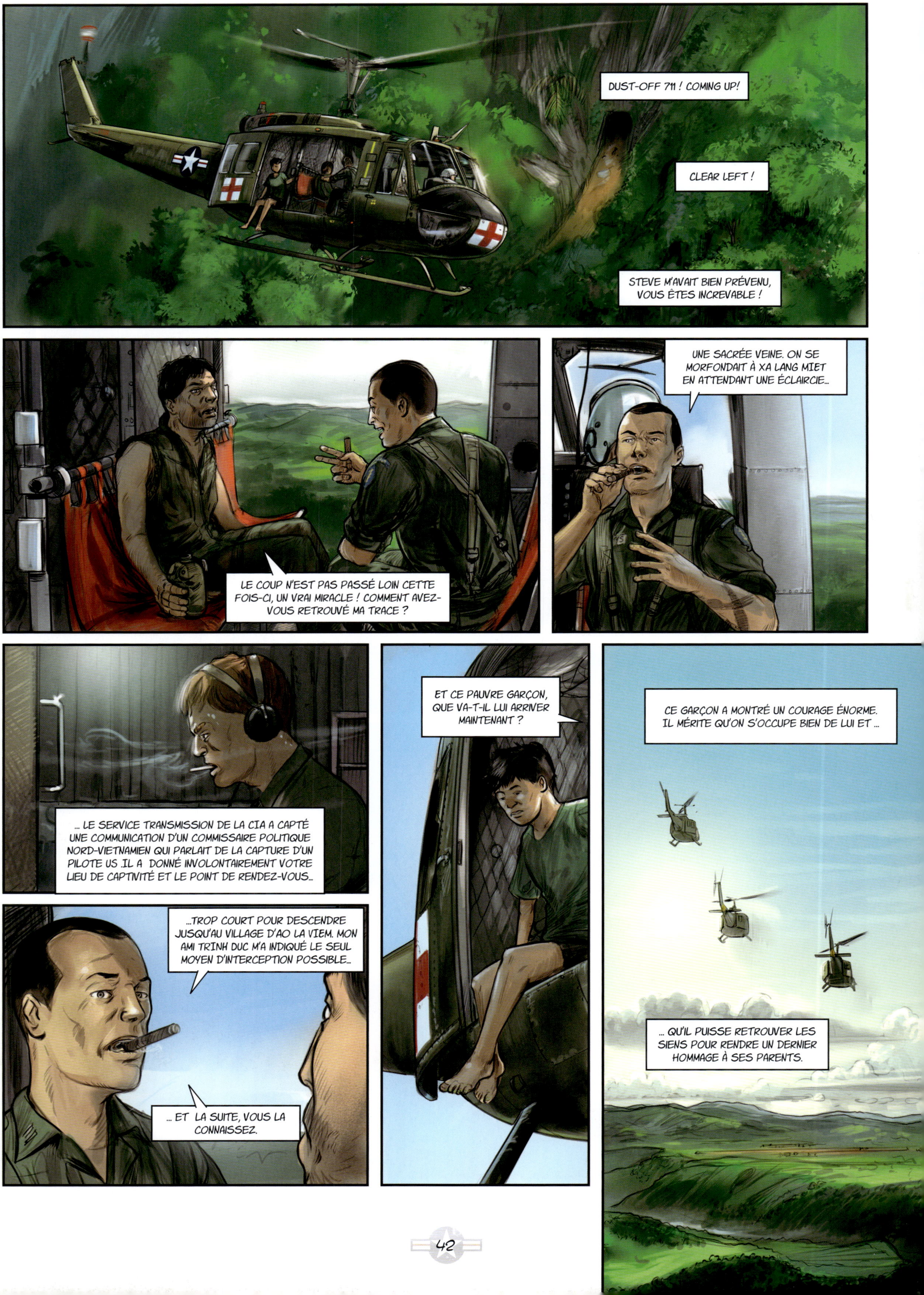
DUST-OFF 711 ! COMING UP!
CLEAR LEFT !
STEVE M'AVAIT BIEN PRÉVENU, VOUS ÊTES INCREVABLE !
LE COUP N'EST PAS PASSÉ LOIN CETTE FOIS-CI, UN VRAI MIRACLE ! COMMENT AVEZ-VOUS RETROUVÉ MA TRACE ?
UNE SACRÉE VEINE. ON SE MORFONDAIT À XA LANG MIET EN ATTENDANT UNE ÉCLAIRCIE...
... LE SERVICE TRANSMISSION DE LA CIA A CAPTÉ UNE COMMUNICATION D'UN COMMISSAIRE POLITIQUE NORD-VIETNAMIEN QUI PARLAIT DE LA CAPTURE D'UN PILOTE US IL A DONNÉ INVOLONTAIREMENT VOTRE LIEU DE CAPTIVITÉ ET LE POINT DE RENDEZ-VOUS...
...TROP COURT POUR DESCENDRE JUSQU'AU VILLAGE D'AO LA VIEM. MON AMI TRINH DUC M'A INDIQUÉ LE SEUL MOYEN D'INTERCEPTION POSSIBLE...
... ET LA SUITE, VOUS LA CONNAISSEZ.
ET CE PAUVRE GARÇON, QUE VA-T-IL LUI ARRIVER MAINTENANT ?
CE GARÇON A MONTRÉ UN COURAGE ÉNORME. IL MÉRITE QU'ON S'OCCUPE BIEN DE LUI ET ...
... QU'IL PUISSE RETROUVER LES SIENS POUR RENDRE UN DERNIER HOMMAGE À SES PARENTS.

64363
LE 25 FÉVRIER, DEUXIÈME PHASE DE LA MISSION RANCH HANDS. LES DEUX C-123 PROVIDER REVIENNENT SUR LA MÊME ZONE PULVÉRISER LE PRODUIT DE CHAQUE CÔTÉ DE LA PISTE POUR ÉLARGIR LA ZONE DÉFOLIÉE.

10121
U.S. AIR FORCE
FH-121
2 MARS 1965, APRÈS PLUSIEURS SEMAINES DE REPORT DÛ À LA MOUSSON, LE PREMIER RAID D'ENVERGURE DE L'OPÉRATION ROLLING THUNDER EST EN ROUTE...
... OBJECTIF : LE DÉPÔT DE MUNITIONS DE XOM BOM, DANS LA RÉGION DE LA DMZ, CÔTÉ NORD-VIETNAM...
... MALGRÉ LES GROS MOYENS POUR FAIRE IMPRESSION, LE BILAN EST MITIGÉ...
... 5 F-100 ET F-105 SONT ABATTUS PAR LA DCA VIET...
USAF
... ET LE PREMIER PILOTE USAF, LE CAPITAINE HAYDEN LOCKHART, CAPTURÉ PAR L'ARMÉE NORD-VIETNAMIENNE.

8 MARS, DA NANG , DÉBARQUEMENT DE MILLIERS DE MARINES...
CAPITAINE, VOUS POUVEZ EMBARQUER, VOTRE TAXI VOUS ATTEND.
JE VAIS LAISSER MA PLACE À TOUS CES BRAVES GARS.
BIENVENUE AU BERCAIL, MISTER DARKMAN, L'HOMME QUI EFFRAIE LE VIÊT-CONG !
OUI, J'AI EN MOI L'ESPRIT DU TIGRE !
HA HA HA HA !!!

3 AVRIL, AÉRODROME DE NÔI BÀI AU NORD D'HANOÏ...
2143
1036
SUD DE HANOÏ, OBJECTIF : LE PONT DE DONG PHUONG
NP
NAVY
NP

NAVY
À TOUS LES BLACK KNIGHT DE CITY DESK LEADER, ON NE CHANGE RIEN AU PLAN, L'OBJECTIF RESTE LE MÊME ! ROGER ?
ROGER !

FIN DU 1ER CYCLE.
À BIENTÔT POUR UNE NOUVELLE AVENTURE
À BORD DES F-105 THUNDERCHIEF...

Alexandre Paringaux présente

COMBAT

#04

AIR TERRE MER

Frédéric Marsaly
et Samuel Prétat

L'aéronavale américaine au Vietnam

F-8 Crusader, le maître des MiG

Zéphyr Éditions

SOMMAIRE

P4

Introduction

P8

Naissance d'un guerrier

P20

En opérations

P62

Technique et versions

P76
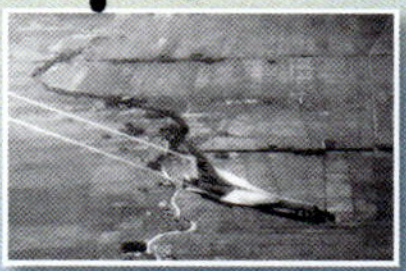
Au combat avec le F-8, témoignages

F-8 Crusader, le maître des MiG

L'histoire se montre parfois injuste avec les plus valeureux de ses sujets. Ce fut le cas pour le F-8 Crusader. Chasseur hautement perfectionné, puissant, rapide, bien armé, il fut rapidement l'appareil en première ligne pendant les toutes premières années de la guerre du Vietnam et se tailla une réputation flatteuse en combat aérien. Ces prouesses occultèrent presque ses premières missions de combat, quelques années plus tôt, lorsque le monde s'est retrouvé au bord de l'apocalypse nucléaire pendant la crise de Cuba et que le monoréacteur Vought, dans sa version de photo reconnaissance, a sillonné les cieux de l'île castriste au cœur de la crise pour ramener les preuves irréfutables de la présence des armes soviétiques.

Plus tard, ce sont les exploits du F-4 Phantom qui sont venus occulter les hauts faits d'arme du « derniers des pistoléros » (last of the gunfighters !) et c'est dans une relative discrétion que le Crusader a replié une dernière fois ses ailes aux USA en 1987. L'historiographie US est également cruelle car elle occulte généralement – ou traite avec désinvolture – la très longue carrière de ce fabuleux chasseur dans la Marine française où ses derniers vols se sont effectués à quelques centaines d'heures seulement de l'avènement du XXIe siècle. Un beau parcours pour un avion conçu au tout début des années 50 !

Reste le souvenir, pour ceux qui ont eu la chance de le voir voler, des rayures noirâtres qu'il faisait dans le ciel, de son bruit épouvantable et de son allure extraordinaire, au sol, comme en vol.

Le « Crouze » a été adoré par ses pilotes, adulé par les foules des meetings aériens, craint et respecté par ses adversaires et pourtant, il ne fait pas partie du petit panthéon des avions universellement considérés comme mythiques, comme le Spitfire, le Mustang, le Corsair ou le Phantom.

Et c'est là une grossière injustice que nous espérons réparer.

Frédéric Marsaly & Samuel Prétat,
Crusadérophiles notoires !

F-8J BuNo 149186 de la VF-211 affectée à l'USS Hancock vu à NAS Lemoore en 1971. (Peter B. Lewis)

Vought

Par Frédéric Marsaly

En 1917, Chance M. Vought (1890-1930) et Birdseye B. Lewis (1888-1917) créèrent une entreprise qui portait leurs noms. Elle devint Chance Vought Corporation lorsque le deuxième associé la quitta en 1922. La nouvelle firme aéronautique s'installa à Long Island City dans l'État de NY deux ans plus tard où elle produisit quelques avions pour le compte de l'Army et de la Navy. C'est d'ailleurs un de ses appareils, le VE-7, produit à 128 exemplaires, qui devint le premier appareil à s'envoler d'un porte-avions américain en 1922. En 1928, l'entreprise fut acquise par la holding United Aircraft. C'est à cette époque que la compagnie rencontra son premier gros succès avec l'O2U d'observation produit à 580 exemplaires, le premier Corsair du nom.

En dépit des restructurations consécutives au Mail Act de 1934 stipulant que les constructeurs d'avions devaient être des entités séparées des compagnies aériennes, Vought resta dans le giron d'United Aircraft mais déménagea à Stratford dans le Connecticut en 1939 pour rejoindre une autre société du groupe, Sikorsky. C'est là que naquit le chef d'œuvre de l'entreprise, produit à plus de 12 000 exemplaires, le F4U Corsair dont l'étude avait commencé l'année précédente et qui fut produit jusqu'en 1952 !

En 1942, Vought redevint une entité à part de la holding avant de retrouver une totale indépendance en 1954 sous la dénomination Chance Vought Aircraft Inc. Entretemps, en 1949, Vought a déménagé à Dallas pour s'installer dans l'ancienne usine North American d'où étaient sortis de très nombreux P-51 Mustang pendant la guerre, l'antre qui allait donner naissance aux mythiques F-8 Crusader puis A-7 Corsair.

James Ling, un entrepreneur Texan racheta la firme en 1962, laquelle devint alors Ling-Temco-Vought (LTV) dont les activités aéronautiques furent rassemblées au sein de LTV Aerospace. Celle-ci fut plus tard scindée en deux branches distinctes, l'une consacrée à l'aéronautique, l'autre se spécialisant dans les missiles. Cette dernière branche a été vendue à Lockheed Martin.

Renommée Vought Corporation en 1976, elle fut à nouveau scindée en deux, LTV Aerospace et LTV Defense. En 1992, LTV fut rachetée par un consortium formé de Northrop et du Carlyle Group. Après plusieurs changements de propriétaires, Vought Aircraft Division tomba en juin 2010 dans le giron du groupe Triumph. Triumph Aerostructure-Vought Aircraft Division est aujourd'hui un important sous-traitant aéronautique, fort de 6 000 employés, produisant des éléments de structure des Boeing 747, 777 et 787, C-17, C-130J, V-22 et bien d'autres appareils encore.

A-7E Corsair II de la VA-146 embarquée sur l'USS Constellation. C'est en fait le 3e Corsair de Vought !

Hydravion biplan d'observation Vought VE-7 aux couleurs du VO-6. La dérive est plus grande que sur la version terrestre. (US Navy)

O2U-2 Corsair, premier du nom, du groupe du Saratoga. 292 O2U furent produits. (US Navy)

O2U-3 Corsair de la première escadrille expérimentale VX-1. (US Navy)

F4U-1 Corsair, hommage du constructeur au premier modèle, à l'appontage sur l'USS Wolverine sur le lac Michigan. (US Navy)

NAISSANCE

Trio de F-8E de la VMF-122 basée à MCAS Cherry Point vus ici en 1962. Les Marines utilisèrent toutes les variantes du Crusader mais les escadrons étaient très axés sur l'appui-sol en soutien du Corps. (USMC via Francillon)

D'UN GUERRIER

DE LA FICHE PROGRAMME AUX ESSAIS EN VOL

La fin de la Seconde Guerre mondiale a sonné la fin de l'âge d'or pour les avionneurs américains qui virent les contrats annulés les uns après les autres tandis que l'emploi et l'activité décroissaient. Chez Vought, la production du F4U continua cependant et en 1947 vola un nouveau prototype, le XF6U, chasseur à réaction embarqué. Une première commande de trente exemplaires fut obtenue mais elle resta unique car l'appareil se révéla particulièrement sous-motorisé et inapte au combat. Ces appareils furent néanmoins utilisés jusqu'en 1950 pour défricher le terrain jusqu'ici inconnu de l'emploi du réacteur sur un porte-avions.

« One-X » et « Two-X », les prototypes de la dernière chance

Le prototype suivant fut encore plus révolutionnaire : Le F7U Cutlass, qui fit son premier vol en septembre 1948, faisait appel à une formule aérodynamique inédite pour un avion embarqué avec son immense aile en flèche, son absence de plan de profondeur et ses deux dérives. Il avait été conçu sous la supervision de Waldemar Voigt, qui, quelques années plus tôt, avait œuvré à la conception des nouveaux jets de la Luftwaffe chez Messerschmitt.

Cet avion totalement révolutionnaire fut alors commandé par l'US Navy à 320 exemplaires et entra en service en 1951. Difficile à piloter et disposant de réacteurs peu fiables, le Cutlass se tailla une réputation détestable car il fut impliqué dans de très nombreux accidents, souvent mortels pour les pilotes. Le dernier exemplaire construit sortit de chaîne en 1955 et le dernier vol eut lieu en 1959.

Alors que Vought mettait tous ses espoirs dans le Cutlass, la chaîne des F4U Corsair était encore active mais tout le monde savait que la commande française des quatre-vingt quatorze F4U-7 en 1952 était le chant du cygne pour la carrière industrielle de cette formidable machine. Avec des commandes pour le Cutlass assez faibles, pour maintenir l'activité à un niveau acceptable, il devint impératif que le prochain appareil fût un vrai succès.

Le 19 août 1952, l'US Navy publia un appel d'offre auprès des principaux constructeurs aéronautiques pour obtenir un chasseur embarqué supersonique en palier et capable d'apponter avec une vitesse la plus faible possible. En plus d'une excellente maniabilité, d'une autonomie et de capacités ascensionnelles importantes, l'appareil devait disposer d'un armement fixe et pouvoir emporter des roquettes ou des missiles air-air. Bien sûr, comme tout appareil embarqué, il devait pouvoir replier sa voilure pour gagner de la place à bord et disposer de tout l'équipement nécessaire pour pouvoir apponter et être catapulté.

Pour Vought, qui venait de livrer à la Marine française le 12 582e et dernier F4U Corsair quelques jours plus tôt, ce projet majeur devint le contrat de la dernière chance. Et rien n'était gagné car l'appel d'offre concernait tous les grands avionneurs, Convair, Douglas, Grumman, Lockheed, McDonnell et North American, et tous les bureaux d'études se lancèrent dans la compétition. En termes d'aviation embarquée, Grumman et Vought étaient cependant les plus expérimentés.

Le F4U-4 Corsair fut l'un des avions les plus construits par Vought. Le constructeur incorpora 981 modifications importantes au design original avant de cesser la production. (US Navy)

Les ingénieurs de Vought, Fred Dickerman, Lyman G. Joseph, Connie Lau, Whit McCormack et Bill Schoolfield, sous la direction de John Russel Clark proposèrent au bout de cinq mois de travail, en février 53, le projet V-383, un chasseur embarqué monoréacteur à aile haute, à l'allure plus conventionnelle que les précédents appareils de la firme mais n'en comportant pas moins quelques raffinements technologiques susceptibles de lui offrir des performances exceptionnelles.

Au mois de mai, la Navy se prononça en faveur du Vought V-383 qui put alors passer au stade des études aérodynamiques en soufflerie puis, en juin, l'avion reçut le feu vert pour la construction de trois prototypes tandis que le bureau d'études, loin de rester inactif, étudiait dès 1954 plusieurs développements de ce nouvel appareil. Le projet V-392 pour une version de reconnaissance photographique embarquée obtint rapidement une commande ferme de la part de la Navy.

Le premier XF8U-1, BuNo 138899 et bientôt surnommé « One-X », fut achevé après 21 mois de développement. Il sortit de l'usine de Dallas le 22 février 1955. À ce moment-là, le deuxième prototype BuNo 138900 « Two-X » est en cours d'achèvement et le troisième prototype, dont la commande a été annulée entretemps, le BuNo 138901 fut désormais destiné à servir pour les essais statiques.

Vought XF8U-1 Crusader I
BuNo 138899 « One-X »
Prototype piloté par John Konrad le 29 mars 1955

CHANCE VOUGHT AIRCRAFT
STRATFORD, CONNECTICUT

© Eric Schwartz

Maquettes de tunnel préparées à la NACA pour des tests en soufflerie. On distingue le Bell X-1 à droite et le F8U-1 à gauche. (NASA)

La base aéronavale de Dallas étant mal équipée, la direction de l'entreprise prit la décision d'effectuer le vol inaugural de l'appareil à partir de la base d'essais de l'aviation américaine à Edwards AFB en Californie. Il fallut donc charger le fuselage dans la soute d'un C-124 tandis que la voilure était convoyée par camion. Un retard dans le transport terrestre entraîna un recul de la date du vol qui fut finalement effectué le 29 mars.

Ce jour-là, le premier XF8U-1 décolla aux mains de John Konrad, escorté par un F-100 et un TF-86F. Au cours de ce vol de 52 minutes, le nouveau prototype atteignit l'altitude de 35 000 pieds et franchit Mach 1 en palier, une première pour un avion destiné à l'US Navy.

Cette performance ne devait rien au hasard ni à l'enthousiasme du pilote d'essais. Elle avait été prévue et demandée par Vought pour marquer les esprits et montrer aussi la confiance que le constructeur portait en son nouveau chasseur. Le 12 juin, John Konrad fit décoller le second prototype, le XF-8 BuNo 138900 toujours depuis Edwards.

Dans les mois qui suivirent, les deux prototypes furent intensivement utilisés pour la mise au point du Crusader. « One-X » effectua une centaine de vols dans les quelques mois qui suivirent son vol inaugural. La principale découverte fut une tendance instable de l'appareil à très haute altitude. Le remède était simple et fut introduit dès le F8U-2 sous la forme de deux longues quilles ventrales, en arrière du fuselage, qui permettaient au Crusader de maintenir ses trajectoires bien rectilignes.

D'autres problèmes apparurent mais ne furent pas immédiatement résolus, en particulier ceux qui touchaient le circuit hydraulique et qui firent quelques frayeurs aux pilotes et quelques surcroîts de travail lorsque certains appareils appontèrent aérofrein ventral sorti !

Atterrissage du premier F8U-2 de production sur la piste de Vought à Dallas, nous sommes le 20 août 1958 et le pilote est John Omvig. Ce sont les Marines qui touchèrent les premiers F8U-2. (US Navy)

Établir des records

Après seulement quelques mois d'utilisation opérationnelle, il fut grand temps de montrer la qualité du nouvel appareil et de se lancer dans quelques performances susceptibles de marquer le grand public et convaincre les autorités de leurs choix.

Projet One Grand

Les performances du Crusader ouvrirent un certain nombre de perspectives en termes de promotion publique du nouvel appareil. Le Bureau de l'Aéronautique de l'US Navy voulait battre le record de vitesse et autorisa le centre d'essais en vol de Patuxent River dans le Maryland à se lancer avec un Crusader, l'avion s'étant montré un candidat parfait pour passer la barre mythique des 1 000 mph (1 852 km/h). Un appareil fut préparé spécialement pour cet essai unique, avec un soin particulier apporté à son réacteur et à son fuselage pour lui donner les meilleures chances. La tentative devait avoir lieu au mois de novembre 1955 mais à la toute dernière minute, la Navy se ravisa. Pulvériser le record de vitesse donnerait bien trop d'informations sur le nouvel avion, ce qui dans un contexte de guerre froide, passait difficilement.

Pourtant, le constructeur n'abandonna pas l'idée car il ne pouvait se résoudre à se priver d'une telle publicité pour son nouvel avion. Le Secrétaire à la Défense donna son accord pour une nouvelle tentative pour le mois d'août mais entretemps, l'YF8U s'était écrasé et c'est le 12e Crusader construit qui fut sélectionné. La tentative devait être faite en Californie, au-dessus du désert de Mojave, l'appareil devant effectuer un « run » de 15 km dans le sens nord-sud puis revenir et effectuer un second « run » dans l'autre sens. La moyenne obtenue permettait d'annuler le facteur vent et d'obtenir un record de vitesse en vitesse propre. Tout autour de la zone, des observateurs équipés de matériels de visionnage et de chronométrages se tenaient prêts à valider la tentative car cette tentative devait pouvoir être officialisée par la FAI, la Fédération Aéronautique Internationale.

Au matin du 21 août 1956, « Duke » Windsor gagna l'altitude de 32 000 pieds pour débuter le premier passage qui fut chronométré à 1 018,553 mph (1886,36 km/h) puis, après avoir effectué un large virage sous un facteur de charge minime, il repassa quelques minutes plus tard dans l'autre sens à 1012,303 mph (1874,79 km/h) à la même altitude (seulement 15m de différence alors que la limite tolérée était de 109m).

Avec une moyenne obtenue de 1 015,428 mph (1880,57 km/h), le record précédemment obtenu par le Col Horace Haine de l'USAF à bord d'un F-100C à 822 m/h fut pulvérisé… du premier coup. Windsor reçut alors le très prestigieux Thompson Trophy.

Hall d'assemblage des F8U à Dallas durant les années 1960. 1 266 F8U sortirent de cette chaîne où ils furent ensuite remplacés par 552 appareils qui subirent une conversion de modernisation. (US Navy)

North American F-100C (S/N 54-1744) de l'Air Force Flight Test Center à Edwards AFB, détenteur du Thompson Trophy avant l'YF8U de "Duke" Windsor. (U.S. Air Force)

F8U-1 de la VX-3 en cours de ravitaillement en vol par un AJ-2 Savage de la VAH-11, une opération indispensable au bon déroulement du vol longue distance de Dose et Miller le 6 juin 1957. (US Navy)

De porte-avions à porte-avions

Le second projet émana de la VX-3, l'une des unités de l'US Navy en charge du développement de l'emploi des avions à réactions et basée à Oceana, près d'Atlantic City. Son commandant, le LtCdr Bob Dose voulait profiter de l'excellente autonomie du Crusader et de sa capacité au ravitaillement en vol pour aller d'un porte-avions à un autre. Le premier, le *Bon Homme Richard* se trouvait au large, à quelque 90 km de San Diego et l'appareil devait rejoindre le *Saratoga* qui, lui, croisait à environ 90 km au large de Jacksonville en Floride, de l'autre côté du pays. Accompagné de son ailier Paul Miller, il fut catapulté dans la matinée. Rapidement, ils montent jusqu'à 43 000 pieds pour tenir Mach 1.7. Le ravitaillement en vol eut lieu à mi-chemin, à 25 000 pieds aux alentours de Dallas, auprès de deux AJ Savage.

Après trois heures et vingt-huit minutes de vol, les deux F-8 appontèrent sans difficulté, en dépit de la présence d'un imposant cumulo-nimbus aux alentours et les deux pilotes furent accueillis chaleureusement par… le Président Eisenhower qui se trouvait à bord en ce jour anniversaire du Jour-J ce 6 juin 1957, accompagné d'une nuée de photographes et de reporters. On ne pouvait espérer meilleure opportunité pour mettre le Crusader sous les feux de la rampe.

Le président Eisenhower félicite Bob Dose et Paul Miller à leur atterrissage sur le Saratoga au large de la Floride. Les deux F8U avaient décollé du Bon Homme Richard à San Diego le matin même. (US Navy)

Appontage du F8U-1 de Bob Dose sur le « Sara » au large de la Floride après un vol transcontinental de 3h28 entre San Diego et Jacksonville. (US Navy)

John Konrad

(1923-2006)

Après avoir piloté des B-17 pendant la guerre puis piloté des avions de transport notamment des C-47 lors du pont aérien de Berlin, John Konrad devient pilote d'essais en 1953 à Muroc Airfield. Il est très vite embauché par Vought. Il effectue le vol inaugural du F-8 Crusader en 1955 puis celui de l'A-7 Corsair dix ans plus tard.

Il présente, à de nombreuses reprises, ces deux avions lors des salons aéronautiques du Bourget et de Farnborough. Il vole sur F-8 jusqu'en 1968, un appareil sur lequel il a effectué environ 1 000 heures de vol. Il prend sa retraite en novembre 1988 mais continue à voler au sein de la Confederate Air Force, notamment sur un FG1 Corsair. Il décède le 20 septembre 2006 et repose au Dallas National Cemetery.

John Russel Clark

(1908-1986)

Ingénieur aéronautique diplômé du Massachusetts Institut of Technology (MIT) en 1929, il travaille avec Igor Sikorsky pour le développement d'hydravions mais aussi celui du premier hélicoptère de la firme, le VS-300 avant de passer chez Chance Vought Aircraft au sein du holding United.

Ingénieur en chef du projet F4U Corsair, il est également à la tête du développement du A-7 Corsair II et du XC-142, le quadrimoteur à décollage vertical expérimental. Il gravit les différents échelons hiérarchiques de l'entreprise pour en finir Vice-Président avant de devenir membre du conseil d'administration en tant que consultant indépendant.

Project Bullet

Les records de vitesse sur la traversée des USA sont traditionnellement établis sur le trajet Los Angeles-New York. L'appareil doit utiliser un aérodrome situé à moins de 46 km de la mairie de la première ville et se poser sur une piste à moins de 46 km de la mairie de l'autre. Les observateurs mandatés par les diverses fédérations impliquées dans l'attribution des records utilisent donc la vitesse moyenne obtenue au cours du vol et l'appliquent à la distance réelle entre les deux mairies pour obtenir le temps officiel du record.

Puisque ce record était la propriété de l'US Air Force depuis celui de Robert Scott établi à 3 h 44 min et 53 s à bord d'un F-84F en mars 1955, l'idée de le reprendre avait fait son chemin dans la Navy et en particulier auprès du Major John Glenn, pilote du Marines Corps devenu pilote d'essais après la guerre de Corée.

Puisqu'à cette époque, les vols à longue distance avec une vitesse de croisière supersonique et à très haute altitude faisant un usage constant de la post-combustion n'étaient guère fréquents, il ne fut pas compliqué pour John Glenn de plaider sa cause auprès de sa hiérarchie en avançant l'intérêt qu'il y aurait à considérer ce record comme un essai en vol.

Pour couvrir la distance, trois ravitaillements en vol s'avéraient nécessaires. Le premier était prévu au-dessus du Nouveau-Mexique, le deuxième au Kansas et le dernier lors du survol de l'Idaho. Lors d'une séance d'entraînement à cette délicate manœuvre, l'AJ-2 Savage, un avion à la réputation peu enviable vers lequel se dirigeait Glenn, fut victime d'une panne et s'écrasa au sol en laissant tout juste le temps à son équipage d'évacuer par parachute... démonstration par l'exemple d'un record difficile à faire tomber.

Le 16 juillet 1957, un peu plus d'un mois après le vol record de Dose et Miller, profitant d'une météo favorable sur l'ensemble du parcours, Glenn décolle accompagné de Charlie Demmler depuis la base de Los Alamitos, en Californie. Les deux Crusader franchissent le mur du son vers 38 000 pieds, se stabilisent à Mach 1.35 et continuent à grimper jusqu'à 50 000 pieds. Au premier ravitaillement, Glenn refait le plein de son avion sans problème, mais Demmler tord sa perche, ce qui l'empêche de la rétracter. Il se déroute vers Albuquerque laissant Glenn finir la tentative seul.

Le deuxième ravitaillement se déroule parfaitement, mais pour le troisième, la visibilité baisse et une consommation de carburant légèrement plus élevée que prévu apporte sa dose de piquant à la manœuvre. Pour couronner le tout, Glenn ne fait que les deux tiers du plein en raison d'un souci avec les pompes de l'AJ-2. C'est donc sur les vapeurs qu'il se pose sur la base aéronavale de Floyd Bennett près de New York.

Sa vitesse moyenne a été de 1 343,72 km/h pour couvrir les 3 952 km séparant les deux villes, en 3 heures, 23 minutes et 8 secondes, 20 minutes de moins que le précédent record. Le Crusader a montré tout son potentiel. On raconte que lorsqu'il survola la ville où vivait sa famille, New Concord dans l'Ohio, le bang supersonique qui l'accompagnait brisa les vitres du bureau de poste local.

Ravitaillement en vol avec un AJ-2 Savage de la RAH-11. (US Navy)

NAISSANCE D'UN GUERRIER

F8U-1P BuNo 144608 avec le major John Glenn aux commandes pour son vol record du 16 juillet 1957 pour le projet « Bullet ». (US Navy)

Vought F8U-1P Crusader
BuNo 144608 Projet "Bullet"
Major John Glenn

© Eric Schwartz

Que sont-ils devenus ?

LES DEUX PROTOTYPES :

Le XF8U-1 « X-One » BuNo 138899 servit pendant 5 ans et effectua 508 vols. Il fut ensuite offert au Smithonian Institute et convoyé par John Konrad jusqu'à Washington où il fut stocké pendant plusieurs décennies. Après avoir été sorti de stockage au moment du retrait du Crusader de la Navy au milieu des années 80, il fut à nouveau stocké. Transféré à Everett dans l'État de Washington, il est actuellement en cours de restauration.

Le XF8U-1 « X-Two » BuNo 138900 fut ferraillé après avoir effectué 460 vols.

PROJECT BULLET :

John Glenn volait à bord du F8U-1P (reconnaissance photographique, RF-8A après 1962) BuNo 144608. L'avion sert ensuite au-dessus de Cuba pendant la crise puis est modifié en RF-8G. Il est détruit lors d'un accident à l'appontage à bord de l'Oriskany en 1972 et son épave repose désormais au fond du Golfe du Tonkin.

Glenn est ensuite devenu le premier américain à orbiter autour de la terre à bord de Friendship 7 le 20 février 1962. Il quitte la NASA en 1964 pour se consacrer à sa carrière d'homme d'affaires et d'homme politique. Élu de l'Ohio du parti démocrate, il siège au sénat de 1974 à 1999. En 1998, âgé de 77 ans, il participe à la mission STS-95 de la navette Discovery et passe une semaine dans l'espace pour étudier les similitudes du vieillissement et de la microgravité.

Le Crusader 11 à l'appontage sur l'Eisenhower en 1983 lors de manœuvres conjointes. Le chasseur emporte un missile inerte Matra R.550 Magic. (US Navy)

(FN) pour French Navy

Avec l'entrée en service de ses deux nouveaux porte-avions *Clemenceau* et *Foch* en 1961 et 1963, la Marine française s'est mise à la recherche de nouveaux chasseurs pour assurer la protection aérienne de sa flotte, celle-ci reposant alors sur des Aquilon désormais dépassés. La démonstration, très remarquée, de John Konrad à bord du « Twosader » au cours du salon du Bourget 1962 avait aiguillé les officiels français vers cette piste, d'autant plus facilement que l'aéronautique navale était, depuis une décennie, utilisatrice du F4U Corsair du même constructeur.

Le très prometteur F-4 Phantom II fut également considéré avec beaucoup de sérieux, mais la taille réduite des navires français semblait de toute façon incompatible avec ce formidable chasseur. Il en était de même pour l'US Navy et le Marines Corps qui utilisaient le F-8 au départ des porte-avions de la classe Essex – très similaires en taille et en tonnage aux deux nouveaux porte-avions français – lesquels étaient incompatibles avec le F-4. Le prix du Crusader étant également moindre que celui de l'avion McDonnell, la décision fut donc facile.

Une première campagne d'essais se déroula en mars 1962. Deux Crusader de la VF-32 vinrent effectuer quelques catapultages et appontages sur le *Clemenceau* pour permettre au CEPA d'obtenir des données chiffrées qui permettront ensuite de définir les besoins de la Marine française.

La commande fut officialisée le 31 juillet 1963 et concerna 40 exemplaires d'une version spéciale du F-8E, sur laquelle Vought avait amélioré les dispositifs hypersustentateurs pour amener l'appareil à une vitesse de décrochage encore plus basse, plus six biplaces TF-8 pour un montant total de 65 millions de dollars US. Cette capacité à voler à basse vitesse permit d'assurer au F-8E(FN) une vitesse à l'appontage plus compatible avec le format des porte-avions *Foch* et *Clemenceau*. Lorsque le Congrès annula le développement de la version biplace du Crusader, la Marine française décida d'ajouter 2 monoplaces, portant sa commande totale à 42 exemplaires.

Vought YF-8D, prototype du F-8E (FN)
BuNo 147036, NAS Dallas

© Eric Schwartz

NAISSANCE D'UN GUERRIER

À partir de la signature du contrat, et en attendant la livraison des premiers appareils, les premiers pilotes français commencèrent à être formés à Cecil Field en Floride sur des Cougar biplaces avant d'être lâchés sur des Crusader de l'US Navy. Cette transformation se fit en une quarantaine d'heures de vol en moyenne.

Le prototype du F-8E(FN) effectua son premier vol en février 1964. Cet YF-8E(FN) était en fait le YF-8D BuNo 147036 auquel on avait apporté les modifications particulières des futurs avions français. Il fut détruit à son 21e vol, le pilote, Bob Rostine, parvenant à s'éjecter suite à un décrochage à 2 000m suivi d'une vrille qu'il ne put récupérer. Il fallut donc attendre la sortie de chaîne du premier appareil de série en juin 1964 pour continuer la mise au point de cette nouvelle version.

En novembre, les avions 2 et 3 effectuèrent les premiers appontages à bord du Shangri La au large de la Floride. À ce moment-là, treize autres F-8E(FN) venant de sortir de l'usine embarquèrent à bord de l'Arromanches en octobre 1964 et arrivèrent à Saint-Nazaire le 4 novembre. Le 20 novembre, les deux premiers décollèrent pour Lann-Bihoué. Le Foch achemina 28 autres appareils en février 1965. Le premier exemplaire, qui a ensuite servi de prototype, fut livré par un porte-avions américain en septembre de l'année suivante. Un F-8A (BuNo 143719) fut également livré pour servir de cellule de formation pour les mécaniciens de la Marine à l'école de Rochefort.

La Flottille 12F fut la première à être réactivée sur le monoréacteur Vought le 5 octobre 1964 sur la base de Lann Bihoué, près de Lorient. La 14F le fut à son tour le 1er mars 1965. En août 1968, elles déménagèrent sur leur nouvelle base, à Landivisiau, près de Brest. En 1979, la 14F devint opérationnelle sur Super Étendard laissant la seule 12F utiliser le chasseur supersonique.

Au cours de leur carrière, les Crusader français ont beaucoup navigué à bord des deux porte-avions français. Autour de l'Afrique, dans l'Arctique, mais aussi, à de nombreuses reprises, au large du Moyen-Orient. En 1977, au cours de la mission SAPHIR, deux Crusader de la 14F furent pris à partie par des MiG-21 érythréens. Aucun tir n'eut cependant lieu au cours de ce combat aérien. En 1983, les Crusader de la 12F assurèrent l'escorte du raid contre Baalbek au Liban en représailles à l'attentat qui avait frappé l'immeuble « Drakkar » à Beyrouth et fait 58 morts.

En 1987, en raison des tensions dans le golfe Persique et de la guerre entre l'Iran et l'Irak, le groupe aéronaval patrouilla pendant plus d'un an dans la région. Les Crusader étaient bien sûr de la partie.

L'appareil était prévu pour un retrait de service dans les années 80, soit après environ 25 ans de service. Désormais dépassé par les avions de nouvelle génération comme le F-14, le F-15, le F-16, le Mirage 2000 et les appareils équivalents du bloc de l'Est, le Crusader attendait un remplaçant. Avec les retards successifs du programme ACM, devenu ensuite Rafale M, la Marine s'impatienta et quelques amiraux militèrent activement, au milieu des années 80, pour que le gouvernement autorise la location de F/A-18 auprès de l'US Navy en attendant le nouveau biréacteur Dassault. Pour des raisons politiques et industrielles, ils n'obtinrent jamais gain de cause et au tournant des années 1990, dix-sept appareils entrèrent en chantier de rénovation pour devenir des F-8P, P pour Prolongation. Ce chantier ajouta le détecteur d'alerte Sherlock sur la dérive, un nouveau siège éjectable 0/0 et une refonte du système électrique et de l'avionique. En outre, la Marine récupéra quelques cellules de F-8J aux États-Unis pour servir de réserve de pièce détachées.

F8U-1 de la VF-32 en vol en 1958, l'unité allait servir de banc d'essais pour la commande française. (US Navy)

Premier F-8E (FN) assemblé par Vought selon le cahier des charges français pour tester les modifications demandées. (US Navy)

Crusader N°3 vu au sol à Patuxent River durant les évaluations faites côté US. C'est le BuNo 151734 réformé en 1999 qui est aujourd'hui exposé à Lann-Bihoué. (US Navy)

Crusader N°19 BuNo 151750 surpris désarmé sur la base britannique de Yeovilton lors d'un meeting. (US Navy)

Le N°16 BuNo 151744 de la 14F en vol au-dessus de la Méditerranée armé d'un Sidewinder « bon de guerre ». (US Navy)

Vought F-8E (FN) Crusader N°32
BuNo 151763, Flottille 12F de la Marine Nationale

© Eric Schwartz

En dépit de ces améliorations, le Crusader n'était plus tout à fait à même d'assurer la sécurité du groupe aéronaval français. Ces avions ne participèrent donc pas aux opérations aériennes menées contre la Bosnie en 1995 et contre le Kosovo en 1999.

Durant sa dernière année d'activité opérationnelle, il ne restait qu'une demi-douzaine de Crusader en état de vol. Le dernier appontage eut lieu sur le Foch le 28 octobre 1999 avec le LV Denis à bord du Crusader n°34. Quelques heures plus tard, le dernier catapultage de toute l'histoire du F-8 est revenu au « Pacha » de la Flottille 12F, le CF Guillot, Lascar Bleu, à bord du Crusader n°11.

La cérémonie du retrait de service se fit en grande pompe à Landivisiau au début du mois de décembre suivant, en dépit d'une météo « tout à fait bretonne ». Le dernier vol opérationnel fut effectué le 14 décembre avec quatre avions. Le 16, le Crusader 10 fut convoyé par le LV « Bébert » Berthou de Landivisiau au Bourget pour être offert au Musée de l'Air et de l'Espace. Ce vol fut le tout dernier de toute l'histoire du Crusader.

252 pilotes ont été lâchés sur les Crusader français entre le 6 mai 1953 et le 10 novembre 1999. Ils appartenaient à la Marine, mais aussi au CEV ou à Dassault.

On compte aussi parmi eux deux pilotes étrangers, un de l'US Navy, l'autre de la Royal Navy alors en échange dans l'aéronautique navale. 22 autres pilotes américains, pilotes maison, de l'USMC et de l'US Navy ont été également lâchés sur F-8E(FN) au titre des vols d'essais et de réception. 59 pilotes ont dépassé les 1 000 heures de vol sur les Crusader français, 9 d'entre eux ont ensuite passé la barre des 2 000 heures, et un seul, le CC Patrick Philippot, franchit les 3 000 heures de vol sur F-8 en 1992 (total final de 3037,7 heures de vol dont 527,8 de nuit et 682 appontages.)

Les Crusader français auront effectué au cours de leur longue carrière 147 600 heures de vol dont 21 200 de nuit, et apponté à 25 919 reprises. Un seul avion, le 7, a dépassé les 6 000 heures de vol. Six pilotes furent tués aux commandes, 14 autres parvinrent à s'éjecter et un échappa à la noyade en évacuant son avion en train de couler après un catapultage raté.

Appontage du Crusader N°3 BuNo 151734 armé de quatre missiles Sidewinder. On distingue parfaitement l'ensemble du dispositif hypersustentateur destiné à augmenter la surface de l'aile à basse vitesse. (US Navy)

Appontage réussi pour le N°32 BuNo 151763 qui est dirigé vers la zone de stationnement sur l'Eisenhower, ailes en cours de repliage pour gagner de la place. (US Navy)

Vought F-8P Crusader N°3
BuNo 151734, Flottille 12F de la Marine Nationale

© Eric Schwartz

NAISSANCE D'UN GUERRIER

Crusader 11 BuNo 151742, ultime F-8 à être catapulté dans le monde le 28 octobre 1999 sur le Foch. Il est vu ici en 1983 porteur de la livrée classique gris sur blanc armé d'un missile d'exercice. (US Navy)

Patrouille de F-8P au-dessus de la Bretagne avec le Crusader N°35 qui regarde son leader virer, un missile Magic d'exercice sur le fuselage de ce dernier. Les Crusader français ont utilisé les dernières pièces détachées disponibles dans le monde (Christian Jacquet via Francillon).

Les Crusader aux Philippines

C'est en 1977 que le gouvernement Philippin se porta acquéreur de 25 F-8H Crusader, remis à neuf par Vought et désignés F-8P, après avoir passé un certain temps stockés dans le désert de l'Arizona, ainsi que 10 cellules supplémentaires pour servir de stock de pièces détachées pour un total de 37,7 millions $.

Les premiers pilotes furent formés aux USA en particulier grâce à l'unique biplace TF-8A. C'est d'ailleurs au cours d'un de ces vols que l'avion est perdu, l'instructeur américain et son élève Philippin, Pascualito Ramos, parvenant à s'éjecter le 28 juillet 1978.

Les appareils furent livrés au 7th Tactical Fighter Squadron du 5th Fighter Wing de Basa, à 70 km de la capitale, Manille. En raison de l'humidité constante de la région, les avions souffrirent durement et à partir de 1984, une équipe de Vought était constamment sur place pour aider les Philippins à lutter contre la corrosion inéluctable de leurs avions. Mais le nombre d'avions opérationnel ne fit que décliner. De dix-neuf avions en 1984, l'aviation philippine passa à douze l'année suivante pour tomber à seulement huit en 1987 en dépit de la cannibalisation massive des autres cellules. Le 23 janvier 1988, les avions furent officiellement retirés du service.

Stockés à l'air libre, ils furent irrémédiablement endommagés par les cendres de l'éruption du volcan Pinatubo en juin 1991. En seulement huit ans de service, seulement 31 pilotes ont été lâchés sur le type. Cinq avions ont été détruits sur accidents entraînant la mort de deux pilotes et l'éjection des trois autres. Pascualito Ramos, rescapé de l'accident du TF-8, fut le seul pilote Philippin à dépasser les 2 000 heures de vol sur type.

Deux F-8P lors de l'un des rares vols de ces appareils qui se sont avérés trop chers pour ce petit pays désargenté. Ils ont pourtant reçu une livrée tactique à deux tons de gris avant d'être retirés du service... (US Navy)

Vought F-8P Crusader II
BuNo 148649, Philippine Air Force
7e TFS du 5e FW, Basa AB

© Eric Schwartz

Crusader civils

Thunderbird Aviation et Higgins Aviation

En1987, au moment où les derniers appareils opérationnels étaient retirés du service aux USA, la société Thunderbird Aviation basée à Phoenix (AZ) mit en service deux Crusader, le F-8K (mais avec une aile de F-8L) BuNo 145592 immatriculé N19TB et le F-8L 145527 immatriculé N37TB, acquis après qu'ils aient été stockés dans le désert quelque temps, restaurés et modernisés pour permettre d'effectuer des vols d'essais à haute vitesse dans le cadre de programmes civils et militaires.

En 1996, la société disparut, les deux avions furent repris par Higgins Aviation où ils volèrent jusqu'en 1998. Au cours de leur carrière civile, ces avions firent de nombreuses, et très remarquées, apparitions lors de meetings aériens. Ils furent ensuite acquis par Paul Allen, co-fondateur de Microsoft et grand collectionneur d'avions, via sa société Vulcan Warbird Inc, filiale de Flying Heritage Collection. Ces deux appareils se trouvent actuellement stockés dans les réserves du Museum of Flight sur l'aéroport d'Everett, au nord de Seattle.

Rockwell International

Rockwell International acheta deux RF-8G, le BuNo 144617 immatriculé N110NR et le BuNo 145607 immatriculé N114NR pour son programme Advanced Technology Wing.

Le premier effectua une dizaine de vol en mai 1987 dans ce cadre avant l'annulation du programme. Stocké, il fut ensuite exposé un temps sur la base du Marines Corps d'El Toro avant de rejoindre le Flying Leatherneck Museum près de la base de Miramar en Californie où il est toujours exposé.

L'autre Crusader, le BuNo 145607 effectua quelques vols comme avion d'accompagnement du Rockwell X-31 jusqu'en 1992 date à laquelle il fut placé à nouveau en stockage. Il a été récupéré par le Castle Air Museum de Santa Fe en 2009 où il est exposé depuis 2011 après avoir été restauré.

Les Crusader de la NASA

Quatre bases d'essais de la Nasa ont utilisé des Crusader à partir de 1959. Au total, une dizaine de ces appareils ont servi à différents essais dont certains ont été d'une extrême importance pour le développement de technologies cruciales pour le développement des avions contemporains.

Le centre de recherche de Langley, en Virginie, utilisa de 1956 à 1958 le F8U-1 BuNo 141354 qui fut ensuite restitué à la Navy qui l'utilisa pendant une dizaine d'années ensuite. Ce centre reçut aussi en 1959 deux des trois F8U-3 Crusader III. Ces deux appareils, BuNo 146340 et 146341 devinrent les NASA 226 et 227. Le troisième, le BuNo 147085, NASA 225 fut affecté à l'Ames Research Center ; Tous les trois furent essentiellement utilisés pour des essais de mesure pour les vols à grande vitesse et supersoniques pendant seulement quelques mois. Ils furent arrêtés de vol très rapidement et ferraillés dans la foulée.

Le centre de Lewis dans l'Ohio reçut un F-8A en 1966. Il s'agissait du Crusader BuNo 141354, utilisé par le centre de Langley quelque dix ans plus tôt qui faisait son retour à la NASA. Il devint alors le NASA 666 et fut utilisé jusqu'au 14 juillet 1969 lorsqu'il fut détruit lors d'un accident à l'atterrissage.

Mais le principal centre utilisateur de Crusader a été le Dryden Research Center installé sur la base aérienne d'Edwards en Californie. Il a utilisé le F8U-1(M) BuNo 141340 dès 1959. On note aussi le court passage, en 1977, du TF-8A Twosader, devenu temporairement NTF-8A et aussi celui des F-8A BuNo 141350 et 145385. Mais ce sont deux autres avions qui vont véritablement faire la célébrité des Crusader de la Nasa en participant à deux programmes d'une importance exceptionnelle dans l'évolution de l'aéronautique moderne.

Il s'agit de deux Crusader, le TF-8A, qui bien que monoplace avait été désigné ainsi car dévolu à des tâches d'entraînement au sein de la Navy, BuNo 141353, NASA 810 et le F-8C 145546 NASA 802.

Le premier, NASA 810, fut modifié à partir de 1969 avec une aile supercritique, un profil d'aile novateur permettant de diminuer la traînée en retardant l'apparition de l'onde de choc dans les vitesses proches et au-delà du mur du son. Le premier vol eu lieu en mai 1971, le dernier en mai 1973. Le gain démontré de 15% de trainée en moins grâce aux missions de ce Crusader fait qu'aujourd'hui, ce profil d'aile supercritique est standard sur l'ensemble des avions de ligne et d'affaires – le Falcon 50 de Dassault fut le premier appareil de production de série à disposer d'une telle voilure – conçus à partir de ce moment. L'appareil, qui a conservé son extraordinaire aile, est désormais exposé sur la base d'Edwards où ses essais ont été menés.

Baies avioniques de la version digitale du Crusader, le F-8C BuNo 145546, un équipement sensiblement différent de ce qui équipe les F-8 habituellement. (NASA)

L'apport à l'évolution de l'aéronautique du Crusader NASA 802 a été également primordial. Il servit à défricher l'utilisation des commandes de vol électriques. Ces systèmes furent tout d'abord installés sur le F-8A BuNo 141385 NASA 816 qui venait d'être arrêté de vol. Devenu banc d'essais fixe et baptisé « Iron Bird », il permit de valider l'installation de ces nouvelles commandes de vol à bord d'un Crusader avant d'être utilisé comme cible sur le champ de tir de China Lake et détruit. Le Crusader NASA 802 fut donc doté de commandes de vol électriques. Ces vols servirent aussi à valider l'usage d'un minimanche latéral pour le pilotage de cet avion. Il fut ensuite doté des commandes de vol de la future navette spatiale pour permettre leur mise au point. Au total, le NASA 802 effectua 210 vols d'essais entre mai 1972 et avril 1985. L'appareil est également conservé à Edwards

Aujourd'hui, les minimanches, les commandes de vol électriques et les voilures supercritiques sont des caractéristiques communes à un grand nombre d'avions parmi les plus modernes désormais en production. C'est dire l'importance de l'apport à l'histoire de l'aéronautique de ces deux F-8 Crusader.

NASA 810, le TF-8A (T pour Test) BuNo 141353 sur sa stèle dans la zone NASA de la base d'Edwards. Cet avion fut déterminant dans l'évolution des profils d'ailes (NASA)

NASA 802 en vol. Cet avion fut l'un des premiers à recevoir un manche latéral de type joystick qui fut ensuite intégré sur le F-16 et les Airbus A320 (NASA)

Échecs à l'export

Des Crusader pour la Royal Navy ?

Au début des années 60, la Royal Navy était à la recherche d'un nouveau chasseur pour ses porte-avions. En dépit du développement du P.1154 avion à décollage vertical par Hawker Siddeley, les Britanniques observèrent avec intérêt le McDonnell F-4 Phantom.

Vought ne comptait pas rester sans rien faire et commença l'étude d'une nouvelle version du Crusader, le V-466 en combinant une cellule biplace, les dispositifs hypersustentateurs de la version française et un réacteur Rolls-Royce Spey.

L'appareil qui aurait pu entrer en service sous la désignation F-8F(RN) serait ainsi apte aux missions d'interception, d'assaut et d'entraînement. La Royal Navy se prononça toutefois en faveur du Phantom en 1964 et l'année suivante, le P.1154 fut sèchement annulé ; quant au F-8F(RN), il ne resta qu'un projet inabouti.

Le Liban

En 1964, Vought plancha quelque temps sur une possible vente de Crusader au Liban et un numéro de projet, V-474, fut même attribué à cette version potentielle, mais cet espoir n'alla pas plus loin. Le Crusader resta donc un appareil au succès à l'exportation plutôt mince.

Vought F-8F (RN) Crusader II
XV475, No 892 Naval Air Squadron, Fleet Air Arm

Campagne de tir à MCAS El Toro avec les F-8E des "Shamrocks" de la VMF(AW)-333 en mars 1967. Les Marines étaient plus aguerris aux missions air-sol que leurs homologues de la Navy. (Peter B. Lewis)

Entrée en service

Le Crusader entra officiellement en service dans l'US Navy au cours de l'exercice fiscal 1957. Comme souvent avec l'arrivée d'un appareil qui permet d'effectuer un bond technologique, ces premières années de service furent difficiles et marquées par de très nombreux accidents, souvent mortels.

Premières livraisons

Le Crusader était un avion particulièrement performant, c'est indéniable, il était aussi un appareil « pointu » où la tenue des paramètres était essentielle et toute sortie du domaine de vol rapidement sanctionnée, surtout lors des manœuvres les plus sensibles, un facteur crucial pour l'aviation embarquée.

La VX-3 de l'US Navy toucha son premier F8U-1 le 28 décembre 1956 avec pour mission de participer au développement de l'appareil. La première livraison directe à une unité se déroula le 21 mars 1957 lorsque la VF-32, basée à Cecil Field en Floride, perçut ses premiers appareils en provenance directe de l'usine de Dallas. Les Marines, de leur côté, obtinrent leurs premiers appareils quelques mois plus tard.

C'est la VMF-122, au nom de baptême prédestiné « Crusader », qui, la première du Corps, vola sur F8U.

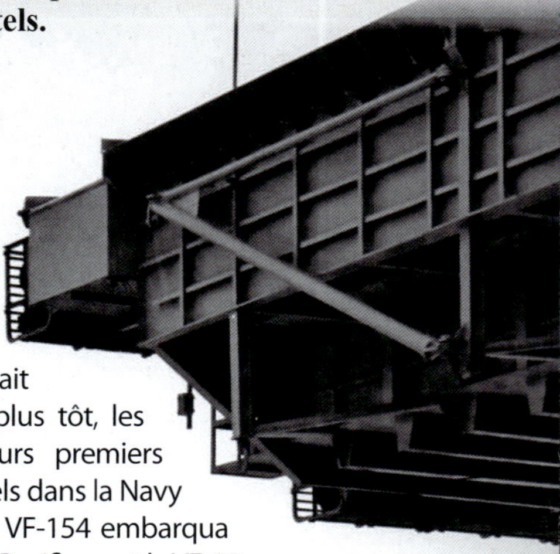

Alors que le premier prototype du F-8 avait volé moins de trois ans plus tôt, les Crusader effectuèrent leurs premiers déploiements opérationnels dans la Navy en février 1958 lorsque la VF-154 embarqua sur le *USS Hancock* dans le Pacifique et la VF-32 sur l'*USS Saratoga* en Méditerranée.

Ailes repliées pour gagner de la précieuse place, ce F8U-1 de la VF-32 est tracté vers le pont-hangar du Saratoga. (US Navy)

Accidentologie dans la Navy

De 1957 à 1964, date des premières interventions du Crusader au Viêt Nam, l'US Navy enregistre rien moins que 515 accidents majeurs (où les avions ont été suffisamment endommagés pour nécessiter des réparations importantes, voire carrément détruits). Ces années-là correspondent également à l'âge d'or du F-8 puisque le pic d'heures de vol effectuées par ce type d'avion fut atteint en 1964 avec 230 000 heures.

On obtient donc un taux d'attrition de 94 accidents pour 100 000 heures de vol en moyenne pour cette première partie de la carrière du supersonique de Vought. Avec la déflation de la flotte à partir de 1965, mais surtout grâce à l'expérience des personnels navigants et des mécanos, le taux d'accident du Crusader finit par baisser. Lorsque les derniers F-8 firent leur dernier vol pour l'USN en 1985, les avions en service avaient accumulé 2 368 153 heures de vol mais avaient subi la bagatelle de 1 106 accidents. Le taux d'attrition final est donc resté l'un des plus élevé de cette arme avec 46,20 événements par 100 000 heures de vol. À titre de comparaison, le « score » final des A-4 Skyhawk et F-4 Phantom de la Navy tournait autour de 20 !

Pour cette longue période de service, 186 pilotes ont perdu la vie aux commandes d'un F-8 au service de la Marine américaine. À ce total viennent s'ajouter les 44 pilotes tués au Viêt Nam et bien sûr l'ensemble des pertes sur Crusader de l'US Marines Corps.

Le Crusader était indéniablement un avion « chaud » !

Éjection du Lt (jg) Baucom depuis son RF-8A au retour d'une mission photo de la VFP-62 en 1963. (US Navy)

Prise de barrière du Saratoga par ce F8U-1 de la VF-32 en 1958, probablement suite à des problèmes hydrauliques. (US Navy)

Malgré les « train sorti, crosse baissée » (indiquant crosse baissée), ce F8U-1 de la VF-191 engage la barrière du Bon Homme Richard probablement endommagé ou en panne d'hydraulique. (US Navy)

Liban 1958

Et le nouveau chasseur ne tarda pas à effectuer de vraies missions. En 1956, lorsque la France, la Grande-Bretagne et Israël attaquèrent l'Égypte pour reprendre le canal de Suez, le président du Liban, Camille Chamoun refusa de rompre ses relations diplomatiques avec les deux principaux belligérants. La communauté musulmane libanaise, qui souhaitait voir le pays intégrer la nouvelle République Arabe Unie (qui unissait la Syrie de Choukri al-Kuwatli à l'Égypte de Nasser), le lui reprocha violement, tandis que la communauté chrétienne désirait que le pays conserve son alignement avec les puissances occidentales.

Des heurts éclatèrent alors dans le pays, avec leur cortège d'attentats et même un début de rébellion attisée par la Syrie. Le Président libanais finit par demander l'aide des USA devant le conseil de sécurité de l'ONU, bien que Nikita Khrouchtchev ait menacé d'employer l'arme nucléaire en cas d'intervention américaine. Le 14 juillet, la révolution éclata en Irak et le Roi Faisal II fut assassiné, ajoutant de nouvelles tensions dans la région. Le lendemain, 14 000 soldats de l'US Army et du corps des Marines débarquèrent à Beyrouth et s'emparèrent du port et de l'aéroport de la ville sans rencontrer la moindre résistance.

La couverture aérienne de l'opération était assurée par les F8U-1 de la VF-32 depuis le *Saratoga*. Les avions de cette flottille effectuèrent un total de 1300 heures de vol avant la relève du groupe par l'*USS Forrestal*. À son bord, les Crusader de la VMF-333 prirent le relai. Des avions de renfort furent même été acheminés via les Açores et le Maroc.

Les troupes américaines demeurèrent sur place jusqu'à la fin du mois d'octobre puis rembarquèrent. Si on peut difficilement parler de baptême du feu pour le Crusader puisque ces opérations n'ont donné lieu à aucun combat, les pilotes se sont simplement tenus prêts à faire face à toutes les éventualités pendant ces quelques semaines de très haute tension internationale, une simple mission de dissuasion en somme.

F8U-2 de la VMF-333 catapulté du Forrestal en 1961. Les « Shamrocks » furent les premiers à recevoir la version F8U-2/F-8C. (US Navy)

Brin attrapé correctement pour ce F8U-1P de la VFP-62 sur l'USS Intrepid. Cette unité s'est distinguée lors de la crise de Cuba en ramenant les clichés prouvant au monde la présence de missiles soviétiques. (US Navy)

Toute l'essence de l'aviation navale dans cette vue d'un F8U-1E de la VF-32 s'apprêtant à toucher le pont du Saratoga en Méditerranée sous l'œil averti du LSO (US Navy)

Cuba

En mai 1962, 50 000 soldats soviétiques débarquèrent à Cuba pour créer des installations de lancement de missiles stratégiques SS-4 et SS-5, des missiles sol-sol pouvant emporter des charges nucléaires avec 2 000 km de portée pour le premier et 3 700 pour le second, ce qui, au départ de Cuba, mettait la quasi totalité du territoire des USA sous la menace atomique directe des communistes (seul l'État de Washington, au nord-est du pays, était au-delà de la portée du SS-5).

Le 14 octobre, un Lockheed U-2 ramena à sa base la preuve photographique de l'état avancé de la construction de ces sites de lancement et on apprit que les missiles étaient alors en cours de livraison à bord de bateaux venant d'appareiller d'URSS. Quelques jours plus tard, pour contrer cette menace, les USA décrétèrent le blocus de l'île castriste.

Pour apporter les preuves indéniables de cette menace, les Crusader de reconnaissance furent mis à contribution, en particulier les F8U-1P flambants neufs de la VFP-62, qui avaient pour avantage d'être basés à seulement quelques centaines de kilomètres de Cuba, à Cecil Field près de Jacksonville au nord de la Floride. Ils possédaient également une cadence de photographie supérieure à celle du Lockheed U-2, avec une précision et une résolution incomparablement meilleure. Et la reconnaissance tactique menée à très basse altitude avait l'avantage décisif de pouvoir opérer sous la couche nuageuse.

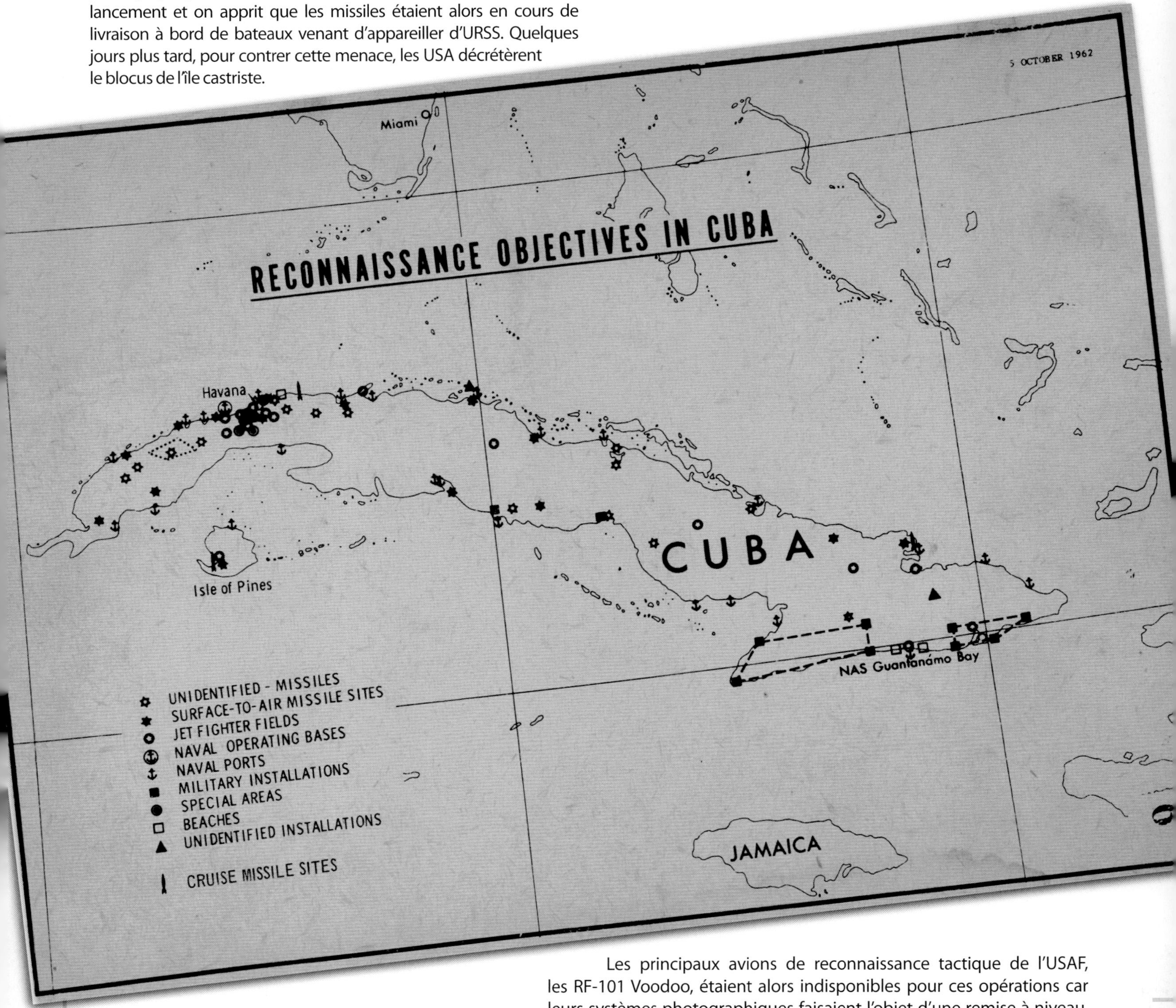

Carte de Cuba montrant les sites où les avions de reconnaissance américains ont repéré la présence de missiles soviétiques. (DoD)

Les principaux avions de reconnaissance tactique de l'USAF, les RF-101 Voodoo, étaient alors indisponibles pour ces opérations car leurs systèmes photographiques faisaient l'objet d'une remise à niveau. Ils n'intervinrent qu'à partir de la deuxième semaine de la crise, laissant les marins assurer les missions les plus importantes et les plus denses du début des opérations.

Les opérations commencèrent le 23 octobre avec trois sorties effectuées sur Cuba. Comme la VFP-62 avait alors plusieurs détachements sur différents porte-avions, l'unité accueillit plusieurs pilotes des Marines en renfort.

Les missions débutaient depuis la base aéronavale de NAS Key West, le point des USA le plus au sud de la Floride, situé à seulement 150 km des côtes cubaines. Dans un premier temps, les appareils survolaient le golfe du Mexique à très basse altitude, 200 pieds (60 m), et à très haute vitesse pour ne pas être détectés et éviter ainsi la menace des SAM et des MiG.

Cependant, à cette hauteur, les vitres des Crusader ramassaient beaucoup de sel, ce qui dégradait fortement la qualité des photos ramenées. Sur les missions suivantes, les avions approchaient de l'île vers 1 000 pieds (330m) pour ne descendre à 200 pieds que pour le survol des cibles. Après avoir emmagasiné des centaines de photos, les avions, qui opéraient par paires, remontaient jusqu'à la base de Jacksonville où les magasins des appareils photos étaient vidés pour être développés.

Ils redécollaient ensuite rapidement pour la très courte liaison vers NAS Cecil Field afin que les mécaniciens de la Flottille puisse mettre leur nez et leurs outils dans leurs entrailles. Une fois reconditionnés, les Crusader décollaient en général pour Key West en prévision de leur prochaine mission, soit une boucle d'environ 2 000 km. Pendant ce temps, les clichés étaient acheminés vers Washington par d'autres chasseurs de façon à être, un peu plus d'une heure après leur développement, dans le Bureau Ovale entre les mains du président Kennedy.

Du 23 octobre au 15 novembre, au plus fort de la crise, les avions de la VFP-62 effectuèrent soixante-dix-sept sorties, quatorze pour la seule journée du 27 et parfois escortés par des F-8D de la VF-32. Ils subirent le feu de la DCA cubaine et, à au moins une occasion, un F-8 a été intercepté par un MiG. Heureusement, les capacités manœuvrières du Crusader et sa vitesse de pointe – surtout en configuration lisse – lui permirent de s'échapper sans dommage. Finalement, les avions de reconnaissance ne subirent aucune perte pendant leur vrai baptême du feu. L'opération « Blue Moon » permit aux RF-8A de ramener quelque 160 000 clichés et lorsque l'ambassadeur des USA devant l'ONU présenta officiellement les preuves de l'existence des sites de lancement de missiles nucléaires intercontinentaux à Cuba, la photo qu'il tenait à la main avait été effectivement prise par un avion de la VFP-62.

De son côté, le Marines Corps déploya deux Crusader de reconnaissance de la VMJC-2 à Guantanamo, l'enclave américaine sur l'île de Cuba. Ces avions se spécialisèrent dans la reconnaissance nocturne, mais on leur demanda aussi de photographier des sites SAM depuis l'altitude de 35 000 pieds (12 000 m), en plein dans le domaine de tir de ces fameux SAM qui, le 27 octobre, abattirent un U-2.

Les appareils américains ont continué à survoler Cuba jusqu'au mois de juin suivant pour s'assurer du bon démantèlement des sites et de leur abandon définitif.

Parking de la base de Homestead en Floride en octobre 1962 avec 33 F-100D prêts à foncer sur Cuba en cas de menace avérée. Le monde a été au bord du gouffre durant ces treize jours de 1962... (USAF)

F8U-1P de la VFP-62 au catapultage sur l'USS Independance. Chaque groupe aérien embarquait deux ou trois appareils de cette unité en détachement pour assurer les missions de reconnaissance sur zone escorté par des Crusader armés. (US navy)

Cuba vu depuis la caméra d'un U-2. USAF et Navy se livrèrent à une véritable compétition pour rapporter les photos les plus compromettantes de la crise. (USAF)

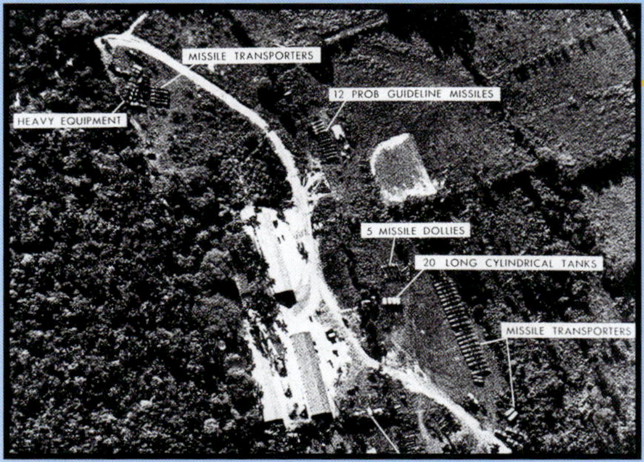

Remorques de transports, camions, missiles, tout ce qui prouvait aux américains la présence de missiles russes à Cuba se trouve ici. (USAF)

Site de préparation des missiles sur l'ile de Cuba pris par les caméras américaines. Les avions volaient très bas pour rapporter les photos les plus précises possibles. (USAF)

C'est aux commande d'un U-2 identique à celui-ci le Major Anderson a été abattu par un SA-2 en octobre 1962 au dessus de Cuba. Il est la seule victime aérienne officielle de cette crise. (USAF)

Les Crusader de la Navy au Viêt Nam

Premières missions (1964)

En mai 1964, le nouveau gouvernement américain dirigé par l'ancien vice-président démocrate de John F. Kennedy, Lyndon B. Johnson qui avait prêté serment à la suite de l'attentat de Dallas et qui se présentait aux élections du mois de novembre suivant, décida d'impliquer encore plus lourdement les troupes américaines dans les opérations militaires en Asie du Sud-Est.

Parmi les cibles prioritaires figurait la piste Ho Chi Minh, en fait un réseau complexe de sentiers et de routes serpentant du nord vers le sud en longeant les frontières du Laos et du Cambodge, qui permettait l'approvisionnement des troupes Viet Cong au sud.

Quatre porte-avions armés de Crusader étaient alors déployés au large des côtes du Viêt Nam sur Yankee Station, en mer de Chine au large de Da Nang (l'ancienne Tourane), le *Bon Homme Richard*, le *Constellation*, le *Ticonderoga* et le *Kitty Hawk*.

C'est depuis ce dernier navire, le CVA-63, que les premières missions offensives furent lancées au-dessus de la Plaine des Jarre au Laos, par le biais du détachement de trois Crusader de reconnaissance de la VFP-3 qui se trouvaient à son bord, le 19 mai. Le 21 mai, lors de la mission « Corktip 918 » un de ces RF-8 fut touché par des tirs de canons de 23mm et 37mm mais en dépit d'un début d'incendie – qu'il éteignit en parvenant à grimper à 42 000 pieds - son pilote, le Lt Klusmann, fut à même de revenir et d'apponter.

Quelques jours plus tard, le 6 juin, au cours d'une nouvelle mission dans cette même zone, ce même pilote, à bord du RF-8A BuNo 146823, fut touché une nouvelle fois par la DCA. Cette fois-ci, les dégâts de son avion l'obligèrent à s'éjecter et il fut rapidement capturé par les soldats communistes du Pathet Lao.

Après trois mois de captivité, il parvint à s'échapper et à rejoindre son poste, ce qui lui permit de prévenir ses collègues aviateurs des difficiles conditions de survie qu'attendaient les futurs prisonniers de guerre qui n'allaient pas manquer de tomber entre les mains des communistes.

Le Crusader du Lt Klusmann fut le premier avion de l'US Navy perdu sur ce nouveau théâtre d'opérations, il fut aussi le premier jet américain abattu. Quelques centaines d'autres suivirent au cours de la décennie suivante.

Le lendemain, au cours d'une mission d'escorte d'un RF-8A à la recherche de sites d'artillerie anti-aérienne, ce fut au tour du F-8D BuNo 147064, piloté par Doyle Wilmer Lynn, commandant la VF-111, d'être touché non loin de l'endroit où l'avion de reconnaissance de la VFP-3 avait été perdu. Lynn s'éjecta et fut récupéré le lendemain par un hélicoptère.

Les débuts du Crusader dans ce nouveau conflit ne furent donc pas simples. En règle générale, au cours des premières missions, les F-8 étaient chargés d'escorter les avions de reconnaissance embarqués et, armés de roquettes Zuni, pouvaient à l'occasion frapper des cibles d'opportunité, les positions de défense anti-aérienne étant privilégiées.

Ce RF-8A de la VFP-63 de retour de mission se présente sur le circuit d'appontage de l'USS Oriskany. (US Navy)

Compagnon de vol indispensable du RF-8, l'A-4 Skyhawk ravitailleur est au moins aussi important que le Crusader d'escorte armée. (US Navy)

Les Crusader lors des incidents du Golfe du Tonkin (août 1964)

Le 2 août 1964, le destroyer *USS Maddox*, en patrouille dans le golfe du Tonkin à une trentaine de nautiques des côtes vietnamiennes détecta plusieurs vedettes lance-torpilles de type P 4 de la Marine du Nord Viêt Nam s'approchant de façon menaçante. S'estimant en état de légitime défense, le destroyer ouvrit le feu et les navires échangèrent ainsi des coups de canons et de mitrailleuses pendant une bonne vingtaine de minutes.

Sur « Yankee Station », le *Ticonderoga* lança alors une patrouille de quatre Crusader, deux de la VF-51 et deux de la VF-53, armés de roquettes Zuni, qui foncèrent appuyer le destroyer. Une fois les vedettes localisées et identifiées, les avions se lancèrent à l'attaque. Les premiers tirs de roquettes ne donnèrent rien et les pilotes américains basculèrent au tir canon. Les trois vedettes furent touchées, l'une si sérieusement qu'elle finit par couler.

Deux jours plus tard, en pleine nuit, l'*USS Maddox* détecta à nouveau plusieurs pistes radar de P 4 en approche et ouvrit le feu directement. Un Crusader fut catapulté mais ne parvint pas à repérer les navires ennemis.

Cette nouvelle attaque, historiquement très controversée, servit d'excuse au gouvernement Johnson pour prendre une grave décision car un raid de représailles fut entrepris. Le 5 août, l'opération Pierce Arrow fut lancée. Les avions de l'US Navy, catapultés depuis le *Ticonderoga* et le *Constellation* frappèrent la base de Vinh et tentèrent de couler ces fameuses vedettes à leur mouillage.

USS Maddox entrant dans la passe de Pearl Harbor à la fin du tour qui l'a mis en première ligne de l'incident du Golfe du Tonkin (US Navy)

Vu de l'extrados d'un RF-8A du détachement F de la VFP-63 affecté à l'USS Constellation. (Bo Masek)

Six Crusader participèrent au raid, dans lequel avaient été engagés de nombreux autres appareils de l'US Navy, et grâce à leurs roquettes Zuni parvinrent à détruire un site de canons anti-aériens et une vedette sur la rivière. Au retour, deux appareils manquaient à l'appel, un A-1H de la VA-145 et un A-4C de la VA-144. Le pilote du Skyraider abattu fut le premier aviateur de l'US Navy à perdre la vie au Viêt Nam. Si celui du Skyhawk réussit à s'éjecter après avoir été touché par les tirs vietnamiens, il fut fait prisonnier et passa les huit ans et demi suivants à subir les conditions de vie peu enviables des prisonniers de guerre du régime d'Hanoï, avant d'être libéré.

Ces évènements que l'histoire a retenus comme les « incidents du golfe du Tonkin » marquent en fait le vrai début de la guerre du Viêt Nam car à partir de ce moment-là, les troupes américaines furent massivement engagées dans la région. Sans surprise, les autorités du Nord Viêt Nam ont reconnu la tentative d'intimidation du 2 août mais réfutent absolument toute nouvelle mission de leurs vedettes dans la nuit du 4 au 5 août.

Il fallut quelques années pour que les autorités américaines confirment qu'aucun navire n'a réellement inquiété l'*USS Maddox* cette nuit-là… Manipulation de Washington pour justifier l'intervention ou bien équipage sur les dents leurrés par des échos radar mal interprétés, l'histoire n'est pas vraiment tranchée à ce jour…

Scènes de l'attaque du Maddox le 2 aout 1964. Cette petite bataille navale détermina l'engagement américain en Asie du Sud Est et les Crusader furent impliqués dès le départ. (US Navy)

« Rolling Thunder », 2 mars 65 - 2 novembre 1968

L'intensification de la guerre entraîna une radicalisation des positions des belligérants et une montée en puissance des opérations. Fin 1965, les USA avaient déployé 185 000 hommes au Viêt Nam, chiffre qui avait doublé en 1966 pour culminer à 500 000 hommes présents au sud. Une fraction seulement de ces hommes se trouvait en première ligne, et parmi eux les pilotes de combat.

Dès lors, les équipages des porte-avions de l'US Navy patrouillant sur « Yankee Station », enchaînèrent les raids diurnes de reconnaissance, d'attaque au sol ou de patrouille de chasse, notamment en février lors des deux missions « Flaming Dart » et « Flaming Dart II » lancées contres Chan Hoa, en représailles d'attaques menées quelques jours plus tôt contre des sites militaires US et de l'armée du Sud Viêt Nam (ARVN).

Le 2 mars 1965 débuta l'opération « Rolling Thunder », campagne stratégique interarmes massive visant à obliger le gouvernement communiste du Nord à cesser d'épauler la guérilla au sud en brisant son économie, sa puissance militaire et le moral de sa population. La Seconde Guerre mondiale avait montré pourtant que les populations bombardées pouvaient trouver des ressources inouïes pour supporter ce genre d'offensive. Aux raids stratégiques s'ajoutaient aussi d'innombrables missions tactiques dans lesquelles les Crusader ont été systématiquement impliqués.

A-4C de la VA-94 « Mighty Shrikes » ravitaillant deux F-8C de la VF-91 Red Lightning au dessus du Pacifique. (US Navy)

Préparation au catapultage d'un F-8E de la VF-211 du Bon Homme Richard sous une météo particulièrement peu clémente. Heureusement, dans quelques minutes, le pilote sera sous le soleil en altitude. (US Navy)

Signal du catapultage pour ce F-8E de la VF-162 sur le pont de l'Oriskany croisant sur Yankee Station. L'avion est configuré pour une escorte armée avec deux Sidewinder en sus de ses quatre canons. (US Navy)

Les premières missions Iron Hand

De leur côté, les avions de reconnaissance n'étaient pas en reste et le 5 avril, un RF-8A du *Coral Sea* fut le premier à ramener les preuves photographiques de l'existence de la construction d'un site de lancement de missiles anti-aériens SA-2 (*voir page suivante*) à quelques kilomètres de la capitale du Nord. Les semaines suivantes, d'autres sites ont été repérés. Ce n'est que le 24 juillet qu'un premier avion, un F-4C de l'USAF, tomba victime d'un tir de Guideline. Un raid de représailles contre deux de ces sites, mené par 48 F-105, fut lancé le 27 juillet mais tourna au désastre avec six Thunderchief détruits et cinq pilotes perdus (trois tués, deux prisonniers).

Quelques jours plus tard, le 11 août, une patrouille de Skyhawk de l'*USS Midway* subit le tir d'un seul SA-2. Le missile percuta le premier A-4 qui explosa sans laisser la moindre chance à son pilote de s'en tirer. Le deuxième avion fut si endommagé par l'explosion de son ailier qu'il parvint tout juste à revenir à son porte-avions où on découvrit plus de 50 impacts sur sa cellule. La menace avait été déjà prise au sérieux et l'US Navy et l'US Air Force étaient en train d'organiser une offensive combinée pour réduire cette menace. Dès le lendemain, une mission d'envergure fut donc montée. La mission de la Task Force navale reçut le nom de « Iron Hand ». Ce nom devint ensuite générique pour les missions lancée contre les sites de défense aérienne, autant par les marins que par les aviateurs.

Pour cette première opération, les avions d'attaque de la Navy survolèrent la zone où leurs collègues avaient été touchés la veille mais sans déclencher de nouveaux tirs de missiles. Les tirs de canons anti-aériens furent, par contre, nombreux. Un A-4E fut sévèrement touché. En délicatesse avec sa commande de profondeur au moment d'apponter, le pilote préféra s'éjecter à proximité du *Coral Sea*. Les choses furent plus sérieuses pour une patrouille de F-8D de la VF-111 près de Thanh Hoa. Le Crusader du Lt(jg) Gene R. Gollahon fut touché par des tirs et l'avion s'écrasa avant que son pilote ne parvienne à s'éjecter.

Par la suite, les missions « Iron Hand » furent nombreuses au point même que tout raid important comprenait un dispositif chargé de frapper les sites SAM même si la plupart d'entre eux, à proximité des grandes villes et des bases aériennes étaient dans les zones où pour des raisons politiques, les avions américains se gardaient de frapper.

Très impliqués dans les missions Air-Sol, le domaine d'excellence du Crusader n'en était pas moins celui de la défense aérienne et c'est bien sûr dans ce rôle qu'il gagna ses titres de gloire les plus glorieux.

AGM-45 Shrike, missile antiradar introduit en 1965 au Viêt Nam. Il fut une première réponse aux stations de tir SA-2 en ciblant leur radar de guidage. (USAF)

Les Missions du Crusader

CAP : « Combat Air Patrol ». Il s'agit d'établir une protection aérienne d'une zone de combat.

BarCAP : « Barrier Combat Air Patrol ». Comme son nom l'indique, les chasseurs sont utilisés pour créer une "barrière" entre un porte-avions ou une force alliée en direction du secteur d'où une attaque est fortement attendue.

TarCAP : « Target Combat Air Patrol ». Patrouille de combat au-dessus et autour d'un objectif pour assurer la sécurité des aéronefs spécialisés en charge de la traiter.

ResCAP : « Rescue Combat Air Patrol ». Protection rapprochée ou sur zone d'une opération de sauvetage.

MiGCAP : « MiG Combat Air Patrol ». Spécifiques à la guerre du Viêt Nam, les MiGCAP ont été établies pour forcer la chasse ennemie à sortir et la prendre au piège.

ForCAP : « Force Combat Air Patrol ». Des chasseurs sont maintenus en altitude au-dessus d'un raid afin d'en assurer l'escorte rapprochée.

Alpha Strike : Terme spécifique à l'US Navy à partir de la guerre du Viêt Nam. Il s'agit d'un raid souvent important contre un objectif de grande valeur stratégique. Les raids Alpha Strike impliquaient les chasseurs-bombardiers embarqués et leur escorte ainsi que les avions de soutien comme les ravitailleurs en vol. Pendant la durée du raid, le porte-avions se tient prêt à récupérer les appareils qui pourraient avoir à revenir en urgence.

Iron Hand : Les missions « Iron Hand » tiennent leur appellation des premières missions établies pour anéantir les défenses anti-aériennes ennemies. Le nom est devenu générique pour le reste de la guerre. Si les Skyhawk, les Intruder et les Skywarrior jouèrent un rôle central lors de ces opérations dangereuses, les Crusader furent aussi impliqués pour l'escorte de ces raids, mais aussi dans les attaques des cibles.

S-75 Dvina, code OTAN : SA-2 Guideline

Missile antiaérien SA-2 Guideline dans la nomenclature OTAN. Vu ici sur un châssis mobile tracté par un Zil-131, il était très redouté des pilotes. (US DoD)

Long de 10 m, d'un diamètre de 70 cm et d'une masse de 2 300 kg, le missile Sol-Air S-75 emportait une charge militaire pouvant atteindre 200 kg d'explosifs, efficace jusqu'à 60 mètres, à une distance de 45 km et une altitude de 25 000 mètres à la vitesse de Mach 3,5. Développé à partir du début des années 50 pour contrer les nouveaux bombardiers stratégiques américains, le S-75 entra dans l'histoire en mettant un terme à la mission de l'U-2 piloté par Gary Power le 1er mai 1960. Plus tard, c'est un S-75 qui descendit l'U-2 de Rudolf Anderson au-dessus de Cuba.

Déployés au Viêt Nam à partir de 1965, les Guidelines parvinrent à descendre 199 avions américains entre 1965 et 1973, dont onze Crusader, causant la mort de quatre de leurs pilotes.

SA2 égyptien sur sa rampe mobile. Une batterie consistait en trois à cinq missiles reliés à la station radar qui les guidait dans la première phase du tir. (US DoD)

Ce F-105 de l'USAF vient d'être touché par un SA-2, au mieux son pilote sera récupéré par un hélicoptère de sauvetage armé… (USAF)

Le « MiG Master » dans ses œuvres

L'aviation du Nord Viêt Nam au déclenchement des hostilités était balbutiante. Les premiers pilotes formés sur jet n'ayant été brevetés qu'en 1962 en Chine et en URSS, et les 37 premiers MiG-17 fournis par Moscou servaient, aux côtés de L-29, à leur formation et leur mûrissement, essentiellement en Chine. Avec le regain des tensions, un programme de construction de bases aériennes et d'améliorations des aérodromes existant fut lancé et d'autres MiG-17 livrés.

La topographie et la forme du Viêt Nam étaient problématiques car elles n'offraient aucune profondeur stratégique à opposer aux aéronefs venant de la mer ou du Laos, surtout pour la zone très étroite comprise entre la DMZ, la zone démilitarisée qui marquait la frontière avec le Viêt Nam du Sud, et Hanoï. De même, la protection de la capitale, à seulement une centaine de km de la mer, soit une dizaine de minutes de vol pour les chasseurs US arrivant de l'est, était compliquée en raison du faible délai d'alerte possible.

La défense du Nord Viêt Nam reposait donc essentiellement sur sa pléthorique et redoutable artillerie anti-aérienne. Les MiG n'en furent pas inactifs pour autant mais avec des pilotes peu expérimentés, au moins dans un premier temps, et des avions peu nombreux et donc précieux, leurs engagements se limitèrent à des situations tactiques favorables d'emblée, sinon, les appareils n'hésitaient pas à rompre le combat.

MiG-17 aux couleurs de la force aérienne vietnamienne exposé au musée de l'USAF à Dayton en Ohio (USAF)

Les chasseurs de l'aviation du Nord Viêt Nam

C'est en 1960 que les premiers élèves pilotes de la toute nouvelle aviation du Nord Viêt Nam ont été envoyés en Chine et en URSS pour être formés sur avions de chasse à réaction. Les premiers furent qualifiés deux ans plus tard. L'URSS fournit alors un premier lot de 36 MiG, principalement des Fresco ainsi que quelques Fagot pour l'entraînement, basés en Chine dans un premier temps puis rapatriés après les incidents du Golfe du Tonkin en 1964. En 1965, un deuxième Régiment de chasse fut créé.

Avec la livraison en avril 1966 des premiers MiG-21, capables de dépasser Mach 2 et d'emporter des missiles air-air, la VPAF prit une nouvelle dimension, les combats aériens aussi. Au cours du conflit, elle utilisa des MiG-21F-13, PF, PFM et MF, les MiG-17 étaient des versions F et PF mais comprenaient aussi des Shenyang J-5 d'origine chinoise. En 1968, elle reçut les premiers de ses 54 Shenyang J-6, la version chinoise du MiG-19S.

À cette date, elle était désormais forte de 180 chasseurs, dont les bases principales étaient Kep et Phuc Yen puis Bai Tuong mais aussi de très nombreux terrain plus ou moins aménagés.

Ces chasseurs étaient précieux, pour les protéger d'éventuels raids menés contre les bases, ils étaient parfois évacués des aérodromes grâce aux capacités de levage des hélicoptères Mil Mi-6 pour être mis à l'abri dans des zones discrètes où l'aviation US ne pouvait soupçonner la présente de ces appareils.

À la fin de la guerre, la VPAF comptait 17 as, 4 sur MiG-17, les autres sur MiG-21 et 30 pilotes avaient été distingués comme héros. Ils revendiquèrent 212 victoires aériennes dont 69 sont reconnues par les sources US, lesquelles ont attribué d'autres pertes à la chasse adverse qui n'ont pas fait l'objet de revendications.

La VPAF reconnaît la perte au combat de 134 de ses chasseurs lorsque les aviations US en revendiquent 200 (64 pour l'US Navy et 136 pour l'USAF).

Mis en service par une seule unité en fin de guerre, le MiG-19 ne fut pas une grande menace pour les jets US. (USAF)

L'arrivée du MiG-21 fut une réelle menace sur les appareils américains et cela obligea à organiser la protection des forces d'attaque. (USAF)

Premières rencontres

En avril 1965, la VF-211, basée sur l'USS Hancock et qui venait d'être rééquipée avec des F-8E, eut le privilège d'être la toute première unité de l'aviation américaine à rencontrer des MiG lors d'une mission d'escorte d'A-4 Skyhawk en route pour le pont d'Ham Rong.

Ce matin-là, le raid ayant été repéré par les radars de défense aérienne, la jeune chasse vietnamienne fut mise en action. Au moment où les chasseurs bombardiers US commençaient, par paires, à attaquer le pont, quatre MiG-17 du 921e Régiment passèrent à l'attaque. Pham Ngoc Lan ouvrit le feu sur un Crusader au moment où celui-ci s'alignait sur son objectif et constata, avant de dégager, que sa cible était en feu. Son ailier, Pham Van Tuc, prit en chasse un autre F-8.

L'as vietnamien Le Hai (six victoires) explique à ses camarades comment il faut se présenter pour attaquer un F-4 Phantom au canon. (Vietnamese News Agency)

Ils rompirent le combat immédiatement ensuite. À cours de carburant, Pham Ngoc Lan se posa sur un banc de sable le long d'une rivière. De retour à leur base, ils revendiquèrent donc les deux premières victoires aériennes de l'histoire de l'aviation de leur jeune nation et furent immédiatement célébrés comme des héros. Dès lors, pour les vietnamiens le 3 avril est devenue la journée de l'aviation en souvenir de ces évènements historiques.

Et pourtant, si Pham Ngoc Lan a bien touché un F-8, celui-ci ne s'est pourtant pas écrasé comme il le pensait. Bien que très sévèrement endommagé, le F-8E piloté par Spence Thomas de la VF-211 a tenu. Il a même réussi à revenir jusqu'à Da Nang où il est posé sans encombre. La victoire aérienne obtenue par Pham Van Tuc est encore moins probable puisqu'aucun F-8 n'a été perdu ce jour-là selon les sources US généralement rigoureuses.

Les réjouissances vietnamiennes étaient donc sans doute un peu anticipées, mais de très peu finalement puisque la chasse vietnamienne obtint ses deux premières victoires parfaitement attestées dès le lendemain quand deux F-105D et leurs pilotes tombèrent victimes des MiG-17 du 921e Régiment.

Le F-8E BuNo 150352 de la VF-211 est lancé du pont du Bon Homme Richard le 24 mai 1967 en mission d'escorte. (US Navy)

Rouge 4228, un MiG-21PF de la VNAF, sort son parachute de freinage de retour de mission. (Vietnamese News Agency)

Préparation d'A-4 au catapultage montrant les élingues qui sont utilisées pour lancer les avions, le vieux principe du lance-pierre. (US Navy)

Ce F-105D est armé de bombes lisses datant probablement de la guerre de Corée. Le « Thud » a payé le prix fort du fait de sa faible manœuvrabilité en charge mais il est le vrai « gunfighter » du conflit. (USAF)

Premier sang

Un an plus tard, le 5 juin 1966, les pilotes de MiG revendiquèrent à nouveau la destruction de deux Crusader mais l'US Navy n'enregistra aucune perte pour ce type d'appareil ce jour-là.

La semaine suivante, quatre A-4 de la VA-216 et quatre autres de la VF-212, escortés par deux F-8C de la VF-24 et deux F-8E de la VF-211 furent catapultés le 12 juin 1966 depuis l'*USS Hancock* pour un raid classique contre un dépôt militaire situé à environ 30 nautiques (55 km) au nord-est d'Hanoï.

À bord des deux F-8E de la 211 se trouvaient le Commander Harold L. « Hal » Marr et le Lieutenant (JG) Phillip « The Skinny Guinea » Vampatella. Marr, breveté pilote de chasse en 1948, avait alors 4 000 heures de vol dont 1 500 sur Crusader. Ils étaient chargés d'établir une CAP à mi-chemin entre l'objectif et Kep, la principale base des MiG afin de les empêcher d'intervenir. Une fois la mission des Skyhawk accomplie, les Crusader reprirent leur mission d'escorte sur le chemin de retour vers le porte-avions.

Chargés de couvrir le flanc gauche de la formation, Marr et Vampatella se trouvaient donc plus au nord que leurs collègues. C'est Vampatella qui repéra quatre MiG-17 qui tentaient de s'approcher des Skyhawk (*lire le témoignage de Vampatella dans le dernier chapitre*) . Ils engagèrent le combat. Les MiG réagirent en tentant d'entraîner les chasseurs US dans un combat tournoyant, à l'opposé de la tactique « hit and run » à laquelle ces derniers s'attendaient. Marr tira deux AIM-9D Sidewinder sur un des chasseurs adverses mais hors domaine. Il tira également au canon mais avec trop d'angle et trop de déflection.

F-8C de la VF-24 et E de la VF-211 préparés pour une frappe sur le Nord Viêt Nam en mai 1967. La 3e croisière du Bon Homme Richard fut la plus meurtrière avec 21 pertes au combat dont 9 Crusader contre 9 victoires aériennes. (US Navy)

Armé pour l'escorte avec deux Sidewinder, ce F-8C va être catapulté du "Bonnie Dick" (surnom du Bon Homme Richard) durant les opérations de mai 1967. (US Navy)

Finalement, ce MiG, qui venait de passer plusieurs minutes à plein régime PC, rompit le combat pour mettre le cap vers sa base. Erreur fatale ! Marr tira ses troisième et quatrième missiles dont l'un explosa contre la dérive de sa cible qui s'écrasa près d'une rivière à l'est de Luc Namh.

Désormais seul, son ailier l'ayant perdu au cours du combat, Marr repassa sous la couche nuageuse pour tomber sur deux autres MiG-17 en virage. Il s'en remit à ses canons pour tenter d'abattre son deuxième adversaire de la journée. Après quelques rafales, il réussit à toucher un des MiG et constata que l'avion d'origine soviétique perdait quelques morceaux. Mais ses canons étaient désormais vides et le MiG réussit à lui échapper en fin de compte. De son côté, son ailier Phil Vampatella avait réussi à se sortir des griffes des autres MiG mais sans parvenir à remporter la moindre victoire aérienne.

Marr retourna donc vers l'*USS Hancock* qu'il gratifia d'un tonneau de la victoire avant d'apponter. Il venait d'obtenir la première victoire aérienne de l'US Navy depuis la fin de la guerre de Corée et d'ouvrir le tableau de chasse du Crusader.

Son deuxième MiG, considéré comme « probable », n'a jamais été confirmé.

La VF-211 creuse le score, enfin presque

Quelques jours plus tard, le 21 juin, la VF-211 fut à nouveau mise à contribution. Un Crusader, piloté par Dick Smith, devait escorter un RF-8A de reconnaissance pour un vol photo le long d'une voie ferrée au sud de Kep, juste avant un raid de Skyhawk escortés par Gene Chancy, Cole Black et Phil Vampatella, pilote de remplacement catapulté après la casse au démarrage du Crusader initialement prévu.

Pendant que le raid se mettait en marche, le RF-8 de la VP-63, sévèrement touché par la DCA, obligea son pilote, Leonard Corbett Eastman, à s'éjecter au-dessus de la jungle. Dick Smith commença à orbiter autour de l'épave de l'avion de son ailier pour faciliter une opération de secours.

Après avoir raccompagné les Skyhawk jusqu'à la côte, après leur raid, les trois chasseurs de la VF-211 revinrent protéger la mission RESCAP envoyée pour récupérer le pilote tombé, car, si près de leur base principale, tous ces mouvements aériens ennemis risquaient d'attirer les MiG.

Une fois réunis Smith et Vampatella retournèrent vers la mer où se trouvait le ravitailleur en vol dont ils avaient besoin. Au moment où il virait en direction de la côte, Vampatella sentit un impact contre son avion. Aucune alarme ne se déclencha mais le comportement en vol de son Crusader devint différent, son pilotage un peu plus difficile.

Alors à plus de 50 nautiques encore du ravitailleur, ils entendirent Cole Black annoncer à la radio « Tally Ho, MiGs ! » Smith vira immédiatement en direction de l'autre section mais Vampatella, avec son Crusader devenu rétif, le perdit au cours du virage. En ordre dispersé désormais, ils filèrent plein gaz vers le lieu de l'affrontement.

En patrouille basse à 2000 pieds (670m) autour de l'épave du RF-8, Black et Chancy avaient orbité pour repérer une éventuelle trace de l'éjection du pilote et protéger l'approche de l'hélicoptère de sauvetage.

Deux MiG-17 étaient arrivés dans la zone, un peu plus haut que les F-8. Ils déboulèrent devant eux. Les Crusader ouvrirent le feu au canon. Black tira à côté, mais Chancy constata que l'appareil qu'il avait visé s'éloignait en perdant quelques morceaux et du carburant. Il vit ensuite un autre

RF-8A du Midway de retour au bercail avec tout sorti et mettant en évidence l'intérêt de l'incidence variable de l'aile. (US Navy)

Quand les ravitailleurs ont besoin d'être ravitaillés… deux KA-3B de la VAH-10 du Hancock s'entrainant à la prise de panier. (US Navy)

MiG en dessous et il plongea, PC à fond en dépit de ses réservoirs bien entamés, pour obtenir un bon accrochage avec un Sidewinder qu'il tira en vain. En regardant derrière lui, il vit deux MiG le prendre en chasse, dont un ouvrit le feu avec son canon de 37mm mais sans le toucher.

C'est à cet instant que les deux autres pilotes arrivèrent au milieu du combat. Vampatella vit un MiG dans les six heures d'un autre F-8. Puisqu'il ne savait pas lequel de ses coéquipiers était en danger, il ordonna à tous : « Break right ! » Puis plongea sur le chasseur d'origine soviétique. Trop tard ! Le MiG avait eu le temps de toucher le Crusader qui explosa.

Deux MiG passèrent alors juste entre les deux chasseurs. Réalisant qu'ils constituaient des cibles plus faciles, le jeune pilote américain vira à leur suite. Malheureusement pour lui, un autre MiG-17 suivait et se retrouva dans ses six heures.

Vampatella plongea jusqu'à la cime des arbres pour récupérer un peu de vitesse. Avec des réservoirs bientôt vides, il passa quand même pleine PC, juste assez pour sortir de la portée des canons de son adversaire. Ce dernier abandonna le combat et vira en direction de sa base.

Nouveau dilemme pour le pilote de l'US Navy : faire demi-tour lui permettrait de revenir en position de tir, au risque de manquer de carburant pour rejoindre son porte-avions. Mais rentrer signifiait passer le reste de sa vie à ruminer d'avoir laissé passer pour la deuxième fois une chance de devenir « MiG Killer » !

Alors il vira, plein gaz ! En position de tir, il lança deux Sidewinder. Le premier manqua, le second percuta le chasseur qui tomba ensuite en flammes.

Avec la plus grande prudence, Vampatella prit la direction de l'*USS Hancock*. Le Skyhawk de ravitaillement en vol venait de ravitailler Chancy et se trouvait désormais un peu court. Son pilote décida de transférer au chasseur en difficulté assez de carburant pour lui permettre de rentrer, mais l'un comme l'autre se retrouvaient désormais sans aucune réserve.

Les deux avions parvinrent à rentrer à bord, même si seulement deux brins sur quatre étaient disponibles et c'est là que Vampatella découvrit la raison du comportement étrange de son avion. Il manquait un peu plus d'un mètre carré de sa gouverne de profondeur droite et on dénombra 90 impacts divers sur son avion. La chance l'avait bien servi ce jour-là !

Le F-8 qu'il avait vu exploser était celui de Cole Black ; Celui-ci parvint à s'éjecter mais, comme le pilote du RF-8, il ne put être récupéré et fut fait prisonnier. Cole Black et Leonard Eastman furent libérés en 1973.

La victoire de Chancy, assortie de sa Silver Star, fut officialisée bien après la guerre alors que le pilote avait quitté la Navy et volait pour Continental Airlines. Elle fut créditée comme obtenue avec un Sidewinder alors qu'il s'agissait plutôt d'un tir canon.

Les deux Crusader perdus furent revendiqués par des pilotes du 923e Régiment, mais seul celui de Black fut reconnu comme victime des MiG, le RF-8 étant tombé à la suite d'un tir de DCA.

Cette journée du 21 juin se solda donc par deux nouvelles victoires aériennes de plus mais au prix, cependant, de deux Crusader…!

Ci-dessus : En filigrane, débris du F-8C BuNo 150306 de la VF-53 dans le sol près de Da Nang. Le Lt Jerry Weber a pu s'éjecter après avoir touché des arbres alors qu'il essayait de se poser sous une météo très défavorable (US Navy).

Belle vue du pont du Bon Homme Richard en juin 1965 alors qu'il vient d'arriver sur Yankee Station . Alors qu'un F-8E de la VF-191 est déplacé par le tracteur, un UH-2A Sea Sprite de la HU-1 Dét.E atterrit à l'arrière du pont guidé par un « chien vert ». (Jerry Edward)

La VMF-334 "Falcons" fut la première unité de la côte ouest à recevoir les F8U-1 en janvier 1958, remplacés par des F-8C entre 1961 et 1967. Seul le BuNo 148961 a reçu cette livrée très colorée. (US Navy)

E-1B Tracer au catapultage sur le pont du Coral Sea, auxiliaire indispensable au bon déroulement des opérations aériennes. (US Navy)

Bellinger, acte 1

En 1966, à la tête de la VF-162, à bord de l'*USS Oriskany*, se trouvait Dick Bellinger, un pilote haut en couleur et à la carrière déjà bien remplie. Âgé alors de 42 ans, un âge canonique pour un pilote de chasse, il était vétéran des bombardiers des USAAF de la Seconde Guerre mondiale passé ensuite dans l'US Navy à l'occasion de la guerre de Corée. Ce 14 juillet 1966, il était chargé de la protection d'un raid visant des installations militaires du côté de Na Dinh lorsque, au-dessus de la cible, deux MiG-17 engagèrent le combat.

Son avion durement touché, Dick Bellinger parvint quand même à rompre le combat à l'aide de la couverture nuageuse. Les systèmes hydrauliques étant touchés, il était plus raisonnable d'espérer pouvoir se poser sur la longue piste de la base de Da Nang que de réussir à apponter sur l'*Oriskany* pourtant bien plus près. Mais cette panne avait une autre conséquence, c'est qu'il était impossible de sortir la perche de ravitaillement en vol. À 16 nautiques (30 km) du bout de la piste de Da Nang, à court de carburant, Bellinger est forcé de s'éjecter. Il fut récupéré rapidement par un hélicoptère de l'USAF. La victoire aérienne revendiquée par Ngo Duc Mai du 923e Régiment ne souffre donc d'aucune contestation.

Après avoir délaissé leurs F-8, les Sundowners de la VF-111 sont passés sur F-4B Phantom II. (Peter B. Lewis)

Bellinger acte 2, la revanche

Parce que les chasseurs de l'*USS Intrepid* avaient été engagés sur une autre mission, c'est la VF-162 de l'*USS Oriskany* qui s'est retrouvée en charge de l'escorte d'une mission Alpha Strike de Skyhawk de ce porte-avions le 9 octobre. Dick Bellinger, qui s'était fait descendre par un MiG-17 quelques semaines plus tôt était à la tête de cette patrouille de quatre Crusader.

Prévenus par un E-1B Tracer de veille radar que des pistes hostiles avaient été repérées, les chasseurs de l'US Navy interceptèrent les avions ennemis. Ils découvrirent pour la première fois des MiG-21 « Fishbed », ces chasseurs peut-être moins maniables que les MiG-17 mais incomparablement plus performants et armés de missiles air-air en plus de leur canon, donc de sérieux adversaires.

C'était sous-estimer les capacités du Crusader et la fougue de l'impétueux commandant de la VF-162 qui le suivit malgré les 8 G nécessaires pour lui éviter d'aller percuter le sol. Sur le dos, juste avant de piquer vers le bas, dans les six heures du Fishbed, Bellinger tira deux Sidewinder dont un fit mouche. Le MiG s'écrasa au sol, permettant à la Navy d'enregistrer sa première victoire contre ce type d'appareil et à Bellinger de prendre sa revanche sur sa mésaventure du mois de juillet.

Le 25 avril 1967, quatre MiG-17 du 923e Régiment interceptèrent un raid de l'US Navy du côté d'Haiphong. Ils revendiquent ensuite avoir abattu deux Skyhawk et un Crusader. Un Skyhawk, l'A-4C du Lt Stackhouse de la VA-76, fut effectivement descendu par un MiG. Les deux autres Skyhawk perdus ce jour-là dans la région d'Haiphong ont été victimes de deux SA-2 et l'US Navy n'enregistra aucune perte de Crusader.

Au tour d'Abbott

Le 5 septembre, près de Ninh Binh, c'est une patrouille de la VF-111 de l'*USS Oriskany* qui se fait surprendre par deux MiG-17 du 923e Régiment. Le F-8E BuNo 150896 du Captain Wilfred Keese Abbott fut très sérieusement touché obligeant le pilote de l'USAF en échange dans la Navy à s'éjecter. Blessé, il fut rapidement capturé et ne fut libéré qu'en mars 1973.

Signal du départ pour ce F-8E de la VF-191 sur le pont du Bon Homme Richard. L'avion est en configuration lisse, juste armé de ses canons. (US Navy)

Pour sa 3e campagne vietnamienne, le Bon Homme Richard a embarqué la VF-211 dont les F-8E furent largement mis à contribution. (US Navy)

Sortie d'entraînement « stateside » pour ce F-8D de la VF-111 affecté au Shangri La qui survole la Californie. (US navy)

La victoire de « Mo » Wright

Pour la première fois, et en raison des interventions de plus en plus fréquentes des chasseurs adverses, un raid fut lancé le 1er mai 1967 directement contre l'aérodrome de Kep depuis le porte-avions *Bon Homme Richard*. Douze Skyhawk escortés par huit Crusader, quatre de la VF-211 et autant de la VF-24, devaient détruire le plus de MiG possible au sol, avec leurs bombes et leurs roquettes.

À la mise en route, deux des Crusader de la VF-211 annulèrent leur participation sur casse. Les seize avions restants empruntèrent alors un itinéraire par le nord pour tomber par surprise sur Kep, leur approche étant protégée des radars par des collines. À proximité de la cible, les Crusader établirent des patrouilles de protection. Les avions de la VF-211 devaient initialement installer une CAP au Nord pour protéger le raid d'une intervention chinoise et une autre au Nord-est. Avec deux avions en moins, le chef de patrouille, le Commander Marshall « Mo » O. Wright décida de s'en tenir à une patrouille CAP au nord, à 12 000 pieds (4 000 m). Très vite, des MiG-17 furent repérés et « Mo » en découvrit deux à basse altitude, juste sous lui, rapidement suivis d'un troisième, qui tentèrent de se glisser pour tendre une embuscade aux Skyhawk sur leur itinéraire de retour.

Les deux pilotes n'hésitèrent alors pas et basculèrent pour leur plonger dessus. Bien placés et dans le domaine de tir de ses armes, « Mo » engagea un Sidewinder à guidage infra-rouge, le ronflement sonore lui indiquant que la source de chaleur dégagée par le réacteur du MiG avait bien été accroché par le guidage du missile, et tira. Le MiG se transforma en boule de feu et c'est à l'état d'épave brûlante qu'il tomba au sol pour exploser.

Pendant ce temps, son ailier Ron Lord avait tiré une rafale de canon sur un autre MiG. Bien que touché, le chasseur soviétique parvint à s'échapper. « Mo » se retrouva ensuite à nouveau derrière un MiG et sélectionna un nouveau Sidewinder. Dans la confusion du combat, il avait oublié que son avion était équipé de deux Sidewinder classiques, mais aussi de deux AIM-9C Sidewinder SARAH (Semi-Active Radar Alternative Head, un Sidewinder à guidage radar) alors en expérimentation. Bien évidemment, alors qu'il était parfaitement placé dans les six heures de sa cible, « Mo » fut surpris de ne pas entendre le signal sonore lui indiquant un accrochage IR réussi et pour cause, c'était un SARAH radar qui avait été sélectionné. Pensant à un problème technique et trop loin pour un tir canon, le temps de trouver une autre solution, les deux avions s'étaient éloignés de la zone de patrouille et « Mo » Wright préféra ne pas poursuivre la chasse.

En dépit de cette déception, la journée avait été fructueuse pour la Navy, le raid ayant permis la destruction de sept MiG, cinq au sol, et deux en vol car outre l'avion descendu par Wright, un A-4 avait réussi à shooter un MiG-17, et avec une roquette Zuni, pas un mince exploit (*voir Air Combat N°3*) !

Une journée terrible

Un peu plus de deux semaines plus tard, le 19 mai, le Carrier Wing de l'*USS Bonhomme Richard* prépara une mission spéciale.

Deux Skyhawk étaient chargés de frapper la centrale thermique d'Hanoi avec des bombes spéciales Walleye, des bombes Mk 81 équipées d'un kit de guidage TV. Quatre autres étaient chargés plus classiquement pour une mission type Iron Hand contre les défenses anti-aériennes, épaulés par douze Crusader des VF-24 et 211, six armés air-sol et six autres ayant pour mission d'escorter tout ce beau monde au-dessus du Nord Viêt Nam.

Paul Speer de la VF-211 était particulièrement chargé de la couverture rapprochée des deux Skyhawk armés de Walleye. Au moment où ces derniers étaient en train de traiter leur cible, Speer aperçut un MiG-17 et l'engagea immédiatement. Arrivé en position de tir après quelques manœuvres, il ouvrit le feu avec un Sidewinder qui fit mouche. Le MiG s'écrasa en flammes.

Son ailier, « Joe » Shea se trouvait non loin de lui, mais ne vit pas le MiG avant que son leader ne tire son missile. Cependant, il constata de visu l'impact du missile contre le MiG et l'impact de l'avion contre le sol ensuite.

Quelque peu distancé par son leader et tentant de rassembler, Shea, dans un éclair, vit un autre MiG-17 passer entre lui et Speer, de toute évidence à la poursuite d'un Skyhawk. « *Il y a un MiG parmi nous* » lança-t-il à la radio puis vira sec en plongeant vers le chasseur ennemi. En rapprochement rapide, Shea commença à ouvrir le feu au canon pour le forcer au moins à rompre son attaque contre le chasseur-bombardier Douglas, puis, sentant qu'il risquait de vider ses chargeurs sans résultat, il arma un Sidewinder qu'il tira sans tarder et qui fit mouche. Le MiG s'écrasa à son tour, en flammes.

De son côté, Bobby Lee de la VF-24, avec son ailier Kit Smith était chargé de la suppression d'un site de « Flak » mais, étant donné la présence possible des chasseurs ennemis, ils avaient conservé un Sidewinder chacun, les trois autres points d'emport de leurs F-8 étant chargés de roquettes Zuni.

En approche de l'objectif, ils repérèrent un MiG face à eux. Ne pouvant se détourner de leur objectif, les deux pilotes de Crusader signalèrent l'adversaire à leur escorte.

Lorsque ensuite, ils débarquèrent dans la zone, l'air était saturé de tirs de DCA et de SAM. Ils se réfugièrent à très basse hauteur, trouvèrent leur cible et la traitèrent comme prévu à la roquette.

Juste après les passes de tir, au moment de prendre le cap à l'ouest, un nouveau MiG fit son apparition. Bobby Lee vira alors dans sa direction à plus de 450 nœuds (830 km/h). Très proche, trop proche, mais avec un bon accrochage de l'autodirecteur IR, il tira et le missile coupa littéralement en deux le chasseur ennemi.

De son côté, Philipp R. Wood de la VF-24, compagnon de chambrée de Bobby Lee, prit en charge un MiG qui s'en prenait en fait à une paire de A-6. Il engagea le combat et en dépit du facteur de charge élevé, tira mais le missile partit en balistique ce qui eut pour conséquence, aussi, de prévenir le pilote Vietnamien qu'il était pris en chasse. Wood tenta de le poursuivre, au ras du sol, au milieu d'une vallée, mais non seulement il se rapprochait d'Hanoï et de ses défenses aériennes impitoyables, mais il s'éloignait aussi du lieu de sa mission principale et fit demi-tour.

De retour dans la zone de la cible initiale, il se mit à la recherche de son ailier, Bill Metzger qu'il avait perdu lors du combat.
Soudain, il entendit des obus siffler le long de son cockpit et en dépit de la visibilité médiocre vers l'arrière du Crusader, il distingua un MiG-17, à 300 mètres derrière lui qui lui tirait dessus. Bien que touché, il s'engagea dans un virage sec, à très fort facteur de charge et réussit non seulement à larguer son agresseur, mais aussi à se mettre en position favorable, à 600 mètres dans les huit heures de son adversaire.

En plein dans le domaine de tir du Sidewinder, il lança un missile qui vint couper en deux la dérive du chasseur vietnamien, qui ralentit et commença à piquer. Le pilote s'éjecta mais son parachute se mit en torche.

Il était temps de rentrer. Radio hors service, PC en panne et l'air conditionné de l'avion inopérant vinrent s'ajouter à un niveau de carburant préoccupant. Et pas moyen de prévenir le ravitailleur. Heureusement, Wood fut rejoint par Speer de la VF-211 qui le guida jusqu'au Skywarrior chargé de lui transférer assez de carburant pour rejoindre « Yankee Station ».

Arrivé là, Wood ne chercha pas à rejoindre son porte-avions d'origine et posa son Crusader endommagé sur le premier qu'il rencontra, le *Kitty Hawk*. Son avion fut considéré comme épave et fut quand même ramené plus tard jusqu'au désert de l'Arizona, triste destin pour un chasseur MiG Killer.

Les F-8H de la VF-24 succédèrent aux F-8C sur le Hancock entre juillet 1968 et avril 1970. (US Navy)

Puis la VF-24 embarqua des F-8J encore plus performants à partir d'octobre 1970 pour quatre nouvelles croisières. (US Navy)

C'était la première fois que Wood se posait sur le *Kitty Hawk*. Dix-sept ans plus tard, il en devint le Pacha.

Malgré les quatre MiG descendus ce jour-là, la mission fut un échec. Les Walleye, tirées trop bas, n'ayant que légèrement endommagé la cible. Les pertes de l'US Navy furent aussi très sévères puisque cette mission entraîna la perte de plusieurs avions, dont le F-8 de l'ailier de Wood, Bill Metzger, et celui de Kay Russel de la VF-211, tombés victimes de tirs anti-aériens. Tous deux passèrent de longues années dans la sinistre prison « Hilton d'Hanoï ».

Quelques semaines plus tard, le 17 juillet 1967, un F-8 fut revendiqué par un MiG-21 du 921e Régiment, mais il n'y a aucune perte correspondante pour l'US Navy.

Bombe à guidage TV AGM-62 Walleye vue ici sous un A-7 Corsair. (US DoD)

Retour sur l'USS Hancock pour ces deux F-8E de la VF-211, ils vont se présenter sur la finale comme le montrent les crosses baissées. (US Navy)

21 juillet 1967, journée faste

La mission du jour des avions du *Bon Homme Richard* promettait d'être une autre sortie de routine dans la région d'Hanoï. Les avions d'attaque devaient frapper un dépôt de carburant à une vingtaine de nautiques au nord de la capitale, près de Mei Xa. Quatre F-8C de la VF-24, menés par le commandant de la flottille, Marion « Red » H. Isaacks, devaient établir une BarCAP, pour protéger le raid.

Des avions de la VF-211, dirigés par Tim Hubbart, devaient, de leur côté, escorter une mission « Iron Hand ». Deux A-4 armés de missiles Shrike devaient frapper les radars de défense aérienne, tandis que les Crusader, armés d'un seul Sidewinder et de roquettes Zuni en plus de leurs canons, devaient les protéger des MiG et participer également à la destruction des sites de DCA.

Circulant autour des A-4, les Crusader de la VF-211 se trouvaient à 2 ou 3 000 pieds (670 à 1000 m) au-dessus des A-4 lorsqu'ils découvrirent huit MiG-17 en approche depuis le nord. Les F-8 se lancèrent à l'attaque et Hubbart se retrouva très vite en position de tir sur un MiG-17, mais trop près pour un tir missile. Il préféra ouvrir le

Vought F-8C Crusader II
BuNo 146992, VF-24 "Fighting Renegades"
USS Bon Homme Richard, LtCdr Robert L. Kirkwood

© Eric Schwartz

feu au canon et constata bien des impacts mais fut aussi surpris de se retrouver entouré de balles traçantes vertes. Un coup d'œil derrière lui confirma la présence d'un MiG dans ses 6 heures. Il se lança dans une manœuvre d'évitement à haut facteur de charge par le haut et perdit de vue sa cible qui s'éloignait en fumant. Il se retrouva ensuite dans la queue d'un autre MiG, peut-être l'ailier de celui qui lui avait tiré dessus. Toujours trop proche pour un tir missile, Hubbart employa à nouveau ses canons, mais sans aucun résultat visible.
Au cours d'un affrontement qui avait eu lieu quelque temps plus tôt, mais qui n'avait rien donné, il avait déjà tenté d'utiliser une roquette Zuni pour descendre un MiG. Un Skyhawk de la VA-76 Navy ayant réussi l'exploit d'en descendre un ainsi au cours d'une mission le 1er mai 1967. Il avait alors constaté qu'il fallait viser un peu plus haut que la cible pour espérer faire un coup au but. Il tira deux premières roquettes sans succès puis deux autres dont une explosa à proximité du MiG. En manœuvrant pour ne pas avoir à dépasser sa cible, le pilote US constata que sa cible s'était mise à fumer. Et tout d'un coup, elle se désintégra au moment où son pilote s'éjecta.

C'est la deuxième et dernière victoire aérienne obtenue avec cette arme air-sol… Hubbard rentra donc de sa mission avec une victoire probable et une confirmée.

Au cours de leur patrouille, la première section de la VF-24 du *Bon Homme Richard* constituée de « Red », de son ailier Robert L. Kirkwood et de LT JG Phil Depenwolf découvrirent deux à trois MiG-17 devant eux, mais plus bas. Un rapide virage pour se mettre dans leurs six heures, et Isaacks se retrouvait en bonne position de tir. Il tenta de tirer un premier Sidewinder qui ne quitta pas son rail puis un second qui transforma le chasseur vietnamien en boule de feu et d'où, à la grande surprise du pilote US qui n'imaginait pas qu'on puisse survivre à une telle explosion, s'éjecta le pilote.

Le temps de réaliser qu'il venait d'entrer dans le club select des MiG Killers, Isaacks jeta un œil dans son rétro pour voir un MiG-17, juste derrière lui, assez proche pour qu'il lui soit possible, selon ses propres mots « de compter le nombre d'aubes de son réacteur visible depuis son entrée d'air » et qui lui tirait dessus de toutes ses armes.

Isaak plongea pour lui échapper, mais il était déjà trop tard et son Crusader avait été sévèrement touché.

Pendant ce temps, son ailier avait aussi ouvert le feu sur un MiG-17 avec un Sidewinder pour avoir la frustration de constater que c'est le missile de son leader, tiré une poignée de centièmes de secondes plus tôt, et d'un peu plus près, qui avait fait mouche, le privant d'une victoire aérienne facile. Constatant la présence d'un autre MiG dans le secteur, Kirkwood tira un autre missile. Celui-ci explosa à proximité de son objectif mais ne sembla pas l'avoir endommagé. Par contre, si le pilote vietnamien ignorait jusqu'alors qu'il était pris en chasse, il en fut bruyamment averti et engagea le combat. Kirkwood, toujours bien placé, sélectionna alors ses canons et tira une rafale. Le pilote nota les impacts de ses tirs et assista à l'éjection du pilote vaincu.

Touché également par des tirs venus du sol, Kirkwood rejoignit alors le F-8 en difficulté de son leader et ensemble rentrèrent sur leur porte-avions après un vol angoissant.

De son côté le LT JG Phil Depenwolf s'était retrouvé au milieu du combat aérien et avait tiré ses quatre Sidewinder. Deux s'étaient perdus et le troisième avait explosé à distance de la cible. Le quatrième semblait bien parti, mais deux MiG-17 sont apparus à ce moment-là et ont obligé Depenwolf à virer vers eux et perdre ainsi le visuel sur son tir. Lorsque son regard se porta à l'endroit où se trouvait sa cible initiale, il n'y avait plus rien, ni MiG ni signe d'explosion. Bien qu'il n'ait jamais vu ni su si son missile avait fait mouche, il est cependant crédité d'une victoire probable, ce qui porte le tableau de chasse des Crusader ce jour-là à trois victoires confirmées et deux probables, sans aucune perte.

Six marques de victoires sur la quille de ce F-8E de la VF-111, dont une pour cet avion comme l'atteste le drapeau sur le nez. (René J. Francillon)

Le pilote de MiG-21 Tranh Hanh (à droite) briefe ses hommes avant un décollage. Tous portent la tenue de vol soviétique avec casque GS-1. (Vietnamese News Agency)

Rutilante livrée pour le F-8J BuNo 150323 de la VF-24 vu à Miramar en mars 1973. (Peter B. Lewis)

La mission du 14 décembre 1967

Dans le cadre des nombreuses missions effectuées par l'US Navy contre les infrastructures du Viêt Nam du Nord, celle du 14 décembre 1967 lancée depuis l'*Oriskany* prit une tournure particulière. Comme souvent, le raid principal, dont l'objectif était des ponts à l'ouest du port de Haïphong était précédé d'une mission « Iron Hand » en charge de lui ouvrir la route au milieu du très dense réseau de défenses aériennes adverses.

Cette mission préalable était constituée de deux A-4E armés de missiles anti-radar Shrike et deux F-8C de la VF-111 pilotés par le Cdr « Bob » Rassmussen et le Lt Richard « Dick » R. Schaffert. Au cours de leur approche, ils furent attaqués par des MiG, nombreux. Ils appelèrent donc à l'aide l'escorte du raid principal, à une quinzaine de nautiques en arrière, c'est-à-dire les F-8E de la VF-162 pilotés par Cal Swanson et Richard E. Wyman, initialement chargés de la TarCap.

Wyman était le pilote de remplacement initialement prévu pour ce raid. Catapulté lorsque l'ailier de Swanson a dut annuler son départ pour cause technique, il finit même par prendre la direction des opérations lorsque le radar de son leader lâcha. Ils mirent donc le cap au sud pour rejoindre les avions en difficulté.

Pendant ce temps-là, le « dog fight » faisait rage. Dick Schaffert et Rassmunsen repoussaient comme ils le pouvaient les attaques des chasseurs, contre eux et contre les Skyhawk, depuis trois ou quatre minutes, ce qui dans l'intensité d'un combat aérien est une durée extrêmement longue, lorsque Wyman et son ailier réussirent à les rejoindre.

Après s'être retrouvé en passe frontale sur un MiG où tout le monde tira sur tout le monde sans résultat, Wyman partit en verticale poursuivi par le chasseur nord-vietnamien jusqu'au moment où ce dernier, incapable de le suivre encore, piqua pour reprendre de la vitesse. Swanson en profita pour lui tirer dessus au canon, en vain. Profitant de la maniabilité de son petit chasseur, le Vietnamien contra plusieurs attaques de Wyman jusqu'au moment où un Sidewinder traversa le champ de bataille ; Rassmussen venait de tirer, mais son missile se perdit.

Ravitaillement en vol pour cette formation de F-105C. Le Thunderchief était à l'USAF ce que l'A-4 était à la Navy, un bombardier tactique qui paya un lourd tribut aux opérations sur le Nord. (USAF)

Wyman perdit de vue sa cible quelques instants mais la retrouva, cap au nord. Après une nouvelle attaque, les deux chasseurs se trouvèrent engagés dans une succession de yo-yo qui les entraînèrent à très basse altitude. Finalement, perdant de vue son adversaire quelques secondes, le MiG tenta une dernière manœuvre échappatoire, une erreur. Le pilote de Crusader de la VF-162 était enfin de position de tir et n'hésita pas. Son Sidewinder toucha le MiG qui s'écrasa ensuite dans une rizière.

Bien que n'ayant donné lieu qu'à une seule victoire aérienne, cette action qui a impliqué de nombreux protagonistes est entrée dans la légende de l'US Navy par sa longueur et son intensité. Chuck Nelson, à bord de son A-4 a même réussi à prendre une série de photos impressionnantes de ce combat. Ses images sont devenues une part importante de la légende du Crusader au Viêt Nam.

Sur le chemin du retour vers leur porte-avions, Wyman et Swanson se sont retrouvés avec un vrai problème de pétrole. Wyman demanda donc au ravitailleur de venir à leur rencontre, les deux pilotes sentant qu'il ne leur restait peut-être pas assez de carburant pour réussir à le rejoindre. Ils se virent signifier un refus catégorique du commandant de bord du Skywarrior. Wyman insista juste pour se voir adresser une fin de non-recevoir.

C'est alors qu'une voix pleine d'autorité intervint sur la fréquence, intimant l'ordre au tanker de rejoindre au plus vite les deux chasseurs assoiffés. Et le ravitailleur ne discuta pas car, identifié par son indicatif propre, il s'agissait de l'Amiral commandant le groupe de porte-avions en personne.

Lorsque Wyman commença son ravitaillement, il ne lui restait que 800 livres de kérosène à son bord, soit de quoi voler seulement une poignée de minutes.

Ce jour-là, les Crusader n'enregistrèrent qu'une seule victoire aérienne. De leur côté, la chasse nord-vietnamienne revendiqua un F-8 mais le seul avion américain perdu ce 14 décembre a été un F-105 au cours d'un autre raid.

Wyman, comme tous les pilotes MiG Killer, se vit attribuer une Silver Star, Schaffert reçut une DFC pour avoir résisté avec un calme implacable aux attaques des MiG, protégeant ainsi efficacement les A-4.

Catapultage d'une section de F-8E depuis le "Big E" en 1964. L'Enterprise a fait six tours au Viêt Nam totalisant 669 jours sur Yankee Station. (US Navy)

Le Skyhawk s'est distingué dans deux missions principales au Viêt Nam : l'attaque et le ravitaillement en vol. Cet A-4E de la VA-155 est vu ici sur le pont du Coral Sea après la guerre. (US Navy)

L'été 1968

La guerre au Viêt Nam devenait de plus en plus impopulaire aux USA et l'approche de l'élection présidentielle de 1968 exacerbait ce sentiment. À partir de mars, des restrictions draconiennes affectèrent les opérations aériennes contre le Nord avec, entre autre, l'instauration d'une No-Fly-Zone autour d'Hanoï et du port d'Haïphong décidées par le Président Johnson, qui annonça également qu'il n'était pas candidat à sa propre réélection. L'efficacité des opérations en fut grandement affectée et les pertes augmentèrent également.

Le 26 juin 1968, six mois après la victoire de Wyman, le Lt Commander John B. Nichols de la VF-191 de l'*USS Ticonderoga* se trouvait à la tête d'une section de trois Crusader chargés d'établir une patrouille BarCap sur le Nord. Sur place, ils furent avertis de la présence de quatre MiG, deux MiG 21 suivis de deux MiG 17 en train de naviguer au centre du pays en direction du sud. Pour éviter d'être repérés et les intercepter en leur coupant la route du retour, les trois Crusader plongèrent au ras du sol et filèrent dans leur direction.

Au bout de quelques minutes, les MiG-21 en vue, le combat commença. Car même si les Crusader étaient arrivés bien placés à l'arrière des chasseurs ennemis, ils furent rapidement repérés avant d'avoir pu entrer en action. Les MiG virent et engagèrent leurs adversaires par une passe frontale qui ne donna rien. Ensuite, le leader fut vite abandonné par son ailier qui fila sans demander son reste alors que les trois F-8 restaient ensemble.

Après une série de manœuvres en ciseau où Nichols ouvrit le feu au canon à chaque fois que le MiG passait devant lui, car trop près pour un tir Sidewinder, toujours en vain car le MiG cherchait à rompre le combat en prenant de l'altitude et de la vitesse.

C'est ce que Nichols attendait car il se retrouvait alors avec un MiG pleine PC se détachant sur le ciel. Il se laissa distancer et tira un missile qu'il avait eu le temps de choisir en sélectionnant un à un les quatre missiles et voir lequel « accrochait » le mieux la cible pour éviter un raté. Il tira ensuite et le missile fila « comme dans le manuel » pour exploser directement dans la tuyère du MiG qui explosa mais laissa quand même le temps à son pilote de s'éjecter.

Le 19 juillet, le 923e Régiment revendiqua un F-8 mais cette victoire n'est absolument pas confirmée par les sources US.

Puis le 29 juillet, quatre F-8E de la VF-53 de l'*USS Bon Homme Richard* furent envoyés à la rencontre d'une escadrille de quatre MiG qui venait d'être repérée non loin de la côte. Pour tromper la détection ennemie, le leader de la formation, Guy Cane, plaça deux F-8 en arrière et plus haut que les deux premiers. Arrivés sur la côte, les MiG furent très vite repérés et l'engagement commença par une passe frontale avec deux MiG, sans résultat. Deux autres chasseurs ennemis apparurent ensuite, piquant depuis la couche nuageuse.

Bolter ! Ce F-8J se présente trop haut pour apponter mais le missile bleu d'exercice indique une mission d'entraînement. On apprécie l'incidence de l'avion avec son aile ouverte. (US Navy)

Trio emblématique de l'engagement de l'US Navy au Viêt Nam avec un EKA-3B de guerre électronique de la VAQ-130, un A-4F d'attaque de la VA-22 et un F-8J de la VF-53. (US Navy)

Avec un seul virage, Cane se retrouva dans les six heures du leader adverse et tira un AIM-9D qui, en dépit des paramètres tous optimaux, rata sa cible. Une rapide manœuvre le plaça ensuite dans les six heures de l'ailier. Et cette fois-ci le missile toucha le MiG qui perdit une partie de son aile et partit en vrille. Les Américains observèrent qu'il explosa en touchant le sol. Cane engagea ensuite un troisième MiG au canon mais sans résultat avant de constater qu'avec le pétrole restant à bord de leurs avions, il était plus prudent de rebrousser chemin et de rentrer à bord du porte-avions.

Trois jours plus tard, le 1er août, le Lt Norman K. McCoy de la VF-51 de l'*USS Bonhomme Richard* fut affecté à l'escorte d'un RF-8 chargé de photographier un certain nombre d'objectifs dans la région de Vinh. Après leur départ, un petit raid « Alfa Strike » a été lancé pour traiter un objectif sur Vinh Son escortés par deux F-8 de la VF-53, l'autre flottille de chasse du bord.

Malheureusement, le deuxième Crusader cassa au démarrage, laissant le Lt George Hise assurer seul la protection des chasseurs-bombardiers. Entretemps, la mission de McCoy étant sur le chemin du retour, le contrôle lui demanda de se joindre à « l'Alfa Strike » si son carburant le permettait. Et comme c'était le cas, McCoy rejoignit alors George Hise. À cette époque, avec les restrictions des frappes entre les 19e et 20e parallèle, l'aviation nord-vietnamienne en avait profité pour développer le petit terrain de Bai Thuong et de fait la présence de MiG dans le secteur faisait peser une véritable menace sur les avions de l'aviation américaine.

La VF-53 volait alors sur F-8E, plus lourd que les versions précédentes, si bien que pour respecter les limitations de masse au catapultage et à l'appontage, ces avions ne volaient qu'avec deux Sidewinder au lieu de quatre et 240 obus au lieu de 600. La VF-51, quant à elle, avait touché récemment des F-8H, plus légers, lui permettant d'évoluer avec une dotation d'armement standard, donc avec le plein d'obus et quatre Sidewinder.

Les chasseurs bombardiers traitèrent alors rapidement leur objectif puis filèrent en direction de leur porte-avions car le piquet radar venait de détecter une activité aérienne ennemie. Alors que le raid venait de passer la bande côtière, les deux Crusader firent demi-tour pour intercepter l'escadrille ennemie.

EN OPÉRATIONS

Après quelques évolutions à la recherche des chasseurs ennemis, les deux Crusader finirent par les trouver au radar puis aperçurent un MiG-21 isolé. En position de tir, celui-ci lança un missile air-air Atoll contre le Lt Hise mais il rata sa cible.

Étrangement, après son tir, le MiG sembla vouloir rompre le combat pour filer à sa base. Son ailier est alors brièvement aperçu en train de traverser la zone, bille en tête, sans faire la moindre tentative pour venir épauler son leader aux prises avec plusieurs chasseurs ennemis.

Désormais en position de tir, McCoy tira un premier missile, mais dans sa précipitation ne laissa pas le temps au système de guidage du missile d'acquérir parfaitement sa cible et ce fut donc un échec. George Hise tira à son tour. Le missile, bien guidé, parvint à proximité du MiG mais n'explosa pas.
Mc Coy tira alors un deuxième missile, mais le MiG se réfugia à ce moment-là dans un nuage et le missile perdit sa cible.
Sur ce, une patrouille de la VF-111 menée par le Lieutenant Anthony J. Nargi débarqua dans la zone, attirés par une cible facile. Mais les deux nouveaux F-8 arrivèrent avec un excédent de vitesse et avec trop d'angle sur la trajectoire du MiG pour parvenir à se mettre en position de tir.
Le MiG vira alors à droite. Mc Coy tira alors un troisième missile, à un peu moins d'un nautique de distance et pour éviter de dépasser sa cible utilisa les aérofreins pour casser sa vitesse.
Il se trouvait à la meilleure place pour voir son Sidewinder toucher le MiG à l'emplanture de son aile droite. Le chasseur se brisa alors en deux et tomba au sol où il explosa.

F-8H piloté par Moose Myers de la VF-51 de retour sur le Bon Homme Richard après sa victoire sur un MiG-21 le 26 juin 1968. (US Navy)

Pendants des RF-8A, les McDonnell RF-101C étaient surtout chargés de reconnaissance sur le sud du pays. (USAF)

Vu aérienne d'une attaque de base vietnamienne par les bombardiers américains. Malgré leur intérêt évident, ces objectifs très stratégiques sont restés interdits pendant longtemps. (US DoD)

Désormais à court de carburant, les deux Crusader furent escortés jusqu'à un A-4 ravitailleur qui venait à leur rencontre. McCoy, au moment où il enquilla ne disposait plus que de 400 livres de carburant. Il était vraiment temps ! L'A-4 lui transféra jusqu'à ses propres réserves et ce sont deux avions en butée d'autonomie qui sont parvenus à apponter sans soucis.

Nguyen Hong Nhi, pilote de MiG 21 au 921e Régiment revendiqua la destruction en combat d'un F-8 mais, une fois de plus, cette revendication ne trouve pas correspondance dans la liste des aéronefs perdus par l'aviation américaine.

Le 9 septembre, Tony Nargi qui s'était fait remarquer par son agressivité lors du combat du 1er août fut affecté, avec Alex Rucker, à l'escorte d'une mission « Alfa Strike ».

Au cours de cette opération, ils furent avertis de la présence de MiG-21 dans leur secteur. Ils finirent par en détecter un avec leurs radars puis à le repérer visuellement, mais un peu plus haut qu'eux. Les deux pilotes de F-8 décidèrent de grimper pour se mettre à sa hauteur, mais le pilote adverse les ayant repérés monta lui aussi pour conserver l'avantage et l'énergie potentielle que cela lui procurait. Malgré la PC, les Crusader n'arrivèrent pas à le rattraper et Nargi finit par décrocher. C'est à ce moment-là que le pilote du MiG termina sa manœuvre par un renversement.

Il perdit sans doute le visuel sur ses agresseurs qui n'en demandaient pas tant car il se rétablit à la hauteur des F-8. Bien qu'à la marge du domaine de tir du Sidewinder, Nargi n'hésita pas longtemps. Son missile, parfaitement guidé, explosa dans la tuyère du réacteur soviétique. Le pilote vietnamien eu le réflexe salvateur de s'éjecter immédiatement et son avion alla s'écraser au sol. Un autre MiG fut immédiatement repéré, sans doute l'ailier du premier. Les deux pilotes américains tirèrent plusieurs missiles contre lui mais sans parvenir à doubler la mise.
La mission était cependant réussie et Nargi, comme tous les pilotes MiG Killer eut le droit à sa Silver Star.

La dernière victoire

Le 19 septembre 1968, un F-8C est revendiqué par un pilote de MiG-21 du 921e Régiment mais sans qu'aucune des pertes US de ce jour-là (un F-105, un F-4B, un A-37 et un F-4D) ne corresponde.

À cette époque, avec dix-huit victoires les F-8 menaient la « danse de la chasse » de l'US Navy, devançant les F-4 d'une courte tête au palmarès. La rivalité avec les équipages des Phantom II était à son comble, mais gagner la première manche n'est pas gagner le match. Avec le nouveau gouvernement Nixon, le désengagement au Viêt Nam débuta et les opérations contre le nord s'arrêtèrent et avec elles, les possibilités de rencontre avec la chasse adverse. Les Crusader retournèrent à leurs missions d'appui-feu contre le sud et les innombrables patrouilles de protection de la flotte.

Si on excepte la victoire aérienne obtenue le 28 mars 1970 par un équipage d'un F-4J de la VF-142 contre un MiG-21 et les pertes face aux MiG d'un HH-53B, d'un UH-1 et de deux F-4D en 1970 et 1971, la victoire aérienne de Tony Nargi fut la dernière de l'US Navy jusqu'à la reprise des combats et les combats aériens du 19 janvier 1972.

Mais lorsque les opérations de grande envergure reprirent cette année-là, la carrière du Crusader en première ligne était pratiquement terminée, beaucoup d'unités étant passées sur F-4 ou simplement dissoutes. Le retrait progressif des porte-avions de la classe Essex est aussi symptomatique de cette fin de règne.

Pourtant, les F-8 étaient toujours là, à bord du *Hancock*, de l'*Oriskany*, du *Midway* et du *Coral Sea* et participaient toujours aux escortes des raids contre le sud comme contre le nord.

Le 23 mai 1972, Fred Bachman et Gerald Tucker de la VF-211 sur l'*USS Hancock* furent catapultés avec leurs F-8J pour une mission TarCap au profit d'un raid « Alfa Strike ». En orbite, ils s'annoncèrent au piquet radar qui venait de détecter la piste de MiG non loin d'eux, mais deux F-4 Phantom II avaient déjà été dépêchés obligeant les pilotes de F-8 à ronger leur frein. Les deux F-4 se perdirent alors de vue et ne parvinrent pas à localiser leurs cibles, les deux F-8 s'annoncèrent alors totalement disponibles avec tout leur armement.

Ils reçurent donc le cap à suivre et filèrent en direction des MiG. Sur place, ils furent chaleureusement accueillis par des tirs anti-aériens assez denses et les deux pilotes décidèrent, prudemment, de ne pas insister. Au moment du demi-tour, Tucker eut son regard attiré par un reflet. Après un bref échange radio et selon la procédure, puisqu'il était celui qui avait le visuel, Tucker prit la direction des opérations.

Préparé au catapultage du Coral Sea en février 1970, ce F-4B de la VF-161 représente ce que les pilotes de Crusader voulaient éviter : voler avec un « chaperon » en place arrière et pas de canon ! (Jerry Edward)

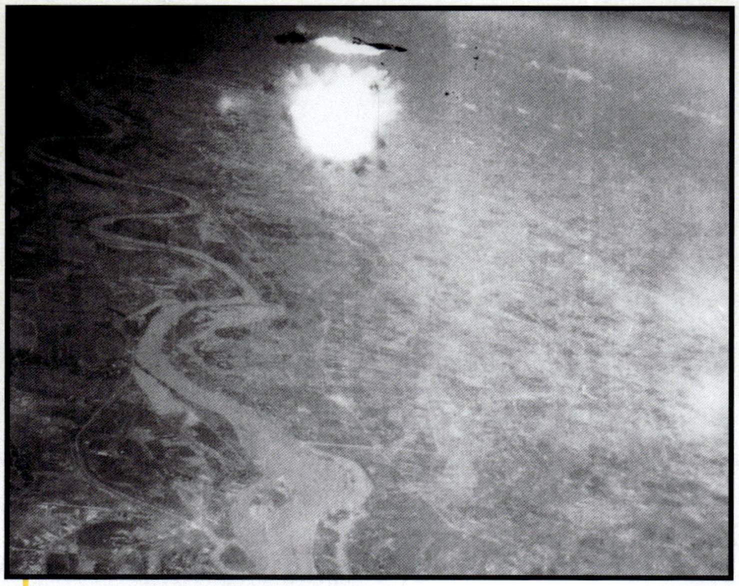
Fin de la route pour ce F-4 touché par l'explosion d'un SA-2. Ce missile est vite devenu la hantise des pilotes qui ne l'apercevaient pas toujours à temps pour l'éviter. (USAF)

Lourdement armé avec quatre Sidewinder et ses quatre canons, ce F-8E de la VF-211 se prépare à partir du Bon Homme Richard croisant sur Yankee Station. (US Navy)

Le MiG-17 se dirigeait en ligne droite vers le sud. Tucker se plaça en arrière et plus haut puis piqua sur le MiG-17 pour arriver à portée de missile. Au moment où il entrait dans le domaine de tir du Sidewinder, Tucker eut la stupéfaction de voir le MiG se mettre à piquer et surtout un parachute se déployer rapidement. Le pilote venait de sauter. Le MiG piqua et alla percuter le sol.

Les tirs AAA toujours présents obligèrent les chasseurs à dégager. Tucker fut crédité de la victoire aérienne, mais la raison qui a obligé le pilote vietnamien à sauter demeure un mystère.

La dernière victoire aérienne du Crusader fut donc, de loin, la plus originale.

Le lendemain, au cours d'une mission CAP, le Lt Beeler de la VF-24 reçut l'ordre de se diriger vers un écho suspect qui s'avéra être en fait un autre Crusader, mais au cours du vol vers la côte, il fut touché par un SAM, s'éjecta et resta prisonnier jusqu'en mars 1973. Ce Crusader fait aussi l'objet d'une revendication de la part du 921e Régiment mais officiellement, cette perte revient à un tir de SA-2.

Vought F-8E Crusader II
BuNo 150300, VF-211 "Checkmates"
USS Hancock, Lt Philip Vampatella

© Eric Schwartz

« MiG Master », « Last of the Gunfighters », au-delà des slogans...

Même si les pilotes de Crusader ont baptisé leur appareil du surnom de MiG Master, « le maître des MiG », et qu'ils ont souvent porté le badge « Last of the Gunfighters », « le dernier des flingueurs », la réalité est légèrement différente.

Même si en combat aérien, le Crusader s'est plutôt brillamment comporté, surtout durant la première partie du conflit, il faut quand même reconnaître que le palmarès global du F-4 Phantom II, une quarantaine de victoires pour la Navy et une centaine pour l'Air Force, sans oublier son rôle dans les opérations d'appui-feu et des frappes tactiques, a fait entrer le chasseur de McDonnell dans le cercle fermé des avions emblématiques des opérations dans le sud-est asiatique aux côtés du B-52 et de l'inévitable UH-1.

Et si le véritable « maître des MiG » était en fait un lourd avion de combat biplace polyvalent ?

Do Van Lanh du 921e Régiment sur MiG-21 fut presque as avec quatre victoires aériennes, avec un score qui s'ouvrit sur un F-4 Phantom le 20 mai 1972. (Vietnamese News Agency)

Le mythe du chasseur-canon est aussi une illusion. Sur les 19 victoires confirmées et les quatre probables obtenues par les F-8, seules deux ont été obtenues avec cette arme, les missiles Sidewinder et même les roquettes Zuni se chargeant du reste du palmarès. On peut noter que, pour les canons et même pour les Sidewinder, les problèmes de fiabilité ont été nombreux, privant plusieurs pilotes de victoires supplémentaires.

On pourrait également penser que le canon était peut-être une arme dépassée pour cette première guerre aérienne moderne, à l'heure où le « tout-missile » avait fait du F-4 un avion dépourvu de cet équipement ; Il n'en était rien comme l'ont prouvé les pilotes de F-105 Thunderchief, dont les incursions contre le nord sont entrées dans la légende et dont le seul armement défensif était un Gatling de 20 mm. Avec 28 victoires aériennes, les F-105 pourraient tout à fait aussi prétendre, à la fois au titre du « MiG Master » et de celui de « Last of the Gunfighter » !

La légende du Crusader s'est cependant construite sur deux points essentiels. Sa présence efficace lors des premières années de la guerre, et le fait qu'il ait mené la course au palmarès alors que pour un nouveau pilote, une affectation sur F-4 était sans doute plus prestigieuse.

Mais à bord du F-8, les pilotes de chasse étaient seuls à bord, sans avoir à « subir » la présence d'un navigateur-radariste, le « mec derrière » (« guy in the back »). Ils se sentaient véritablement les derniers pilotes de chasse au sens strict du terme et avec toute la mythologie qui accompagne cette fonction depuis les combats aériens de la Première Guerre mondiale.

Alors, finalement, peut-être que les pilotes de Crusader avaient quand même raison lorsqu'ils arboraient leur patch mythique : « When you're out of F-8, you're out of fighters ! » (« Quand vous n'avez plus de F-8, vous n'avez plus de chasseur ! »)

Les Crusader de la VC-5 au Viêt Nam

Bien que ne faisant pas partie des unités opérationnelles impliquées dans les combats au Viêt Nam, la VC-5, unité de servitude de l'US Navy, a cependant déployé certains de ses Crusader sur ce théâtre d'opération, notamment à partir de Da Nang, en 1965.

Elle était basée officiellement à NAS Atsugi au Japon mais elle disposait de détachements à Naha AFB sur l'île d'Okinawa et à NAS Cubi Point aux Philippines. Ses missions étaient nombreuses et variées car elle assurait un soutien essentiel aux unités de la Navy en Asie.

Ainsi, elle était chargée d'assurer des missions logistiques, de fournir des vols photos pour les besoins de la flotte, mais aussi, de mettre à disposition des unités de la Navy ses appareils pour la calibration des radars.

Elle effectuait aussi de nombreux vol de remorquage de cibles et aussi d'accompagnement et de guidage de drones. C'est ce qui explique la grande variété d'appareils mis en œuvre, des bimoteurs RC-45 et US-2 aux A-4 Skyhawk. Elle utilisait également plusieurs Crusader. En 1966, elle disposait de quatorze F-8C à Atsugi et de quatre DF-8F contrôleur de drones à Naha.

Dès 1967, les Crusader de la CV-5 effectuèrent des détachements au Viêt Nam, sur la base de Da Nang. Ces appareils, généralement des DF-8, ne participèrent évidemment pas aux combats, mais effectuèrent des missions de calibration et de nombreuses sorties de remorquage de cible pour l'entraînement des défenseurs des bases américaines.

F-8K de la VC-10 sur le tarmac mouillé de NAS Guantanamo Bay, la base américaine située à Cuba. Les "Challengers" ont pour mission d'entraîner les navires de la flotte Caraïbes à la défense contre les avions tout en fournissant une défense aux installations américaine installées à Cuba. (US Navy)

Ce F-8B codé JF/5 est affecté aux "Dragon Flyers" de la 4e flottille utilitaire (VC-4) basée à NAS Cecil Field pour terminer la formation initiale des pilotes de Crusader de la flotte Atlantique. (US Navy)

Les Crusader des Marines au Viêt Nam

À bord des porte-avions de l'US Navy

Fondamentalement, le rôle de l'aviation du corps des Marines est d'assurer l'appui rapproché de ses troupes engagées sur le terrain. Le Corps ne disposant pas de porte-avions, il voit ses unités embarquées à bord de ceux de l'US Navy. En avril 1965, la VMF(AW)-212 et ses F-8E embarquèrent à bord de l'*Oriskany* comme membre du Carrier Air Wing 16, aux côtés des Crusader de la VF-162 et des RF-8A du Det G de la VFP-63.

Engagés dans les missions contre les axes de communication de la piste Ho Chi Minh, les Crusader des Marines participèrent aux attaques aux côtés des appareils de la Navy. Cette mission prit une tournure unique en septembre 1965, après six mois en mer, lorsque le Cdr James Stockdale, chef du CVW-16 fut descendu à bord de son A-4 Skyhawk lors d'une attaque de ponts ferroviaires au sud de Thanh Hoa, touché par un tir de 57 mm. Du coup, et pour la première fois depuis la fin de la Seconde Guerre mondiale, le commandement du Wing passa au pilote des Marines, patron de la VMF(AW)-212, le LtCd Charles Ludden, qui conserva cette prérogative jusqu'à la relève en décembre.

F-8E de la VMF(AW)-235 lourdement chargé à Da Nang. Les Crusader des Marines étaient surtout chargés du soutien aux troupes au sol. (USMC)

Les « Shamrocks » de la VMF(AW-)333 furent les premiers à recevoir les F-8D. Le canon inférieur semble plus mis à contribution que celui du haut mais l'avion est à MCAS Yuma où les pilotes s'entraînent au tir au sol. (Peter B. Lewis)

Les couleurs des appareils des Marines étaient généralement chatoyantes, à l'instar de ce F-8C de la VMF-312. (US Navy)

Comme son homologue de la Navy, l'unité des Marines assura son lot de missions Air-Air mais ne croisa pas le moindre MiG. C'est donc contre les lignes de communications de l'adversaire que les Marines firent parler la poudre, au nord comme au sud. Les ponts, en particulier, ont été des cibles privilégiées. C'est pour augmenter l'efficacité des raids que les F-8E du VMF(AW)-212 furent les premiers Crusader à emporter et à tirer les bombes Mk.84 de 2 000 livres. La première utilisation réussie de cette arme eut lieu contre le pont Vu Chua au nord d'Hanoï à l'automne 1965.

Lorsqu'ils rentrèrent à Hawaï au mois de décembre, les pilotes des Marines avaient effectué, au départ de l'*Oriskany*, 1 588 sorties opérationnelles et 3 018 heures de vol en missions de guerre. Plus de 1 000 sorties et 2 000 heures de vol s'étant déroulées au-dessus du territoire très hostile du Nord-Viêt Nam.

Quatre avions furent perdus au cours de cet embarquement. Deux furent perdus en opérations. Le premier le 5 novembre lorsque le Capt Chapman s'éjecta de son F-8E après avoir été touché par un tir de 57mm. Fait prisonnier, il ne fut libéré qu'en février 1973. Un autre pilote s'éjecta après avoir subi le même sort le 17 novembre, mais cette fois-ci un hélico de la Navy parvint à le récupérer à temps. Ce même jour, un autre F-8 fut accidenté à l'appontage. C'est aussi le deuxième dans ce cas puisqu'un autre Crusader avait été détruit dans les mêmes circonstances à l'issue d'une mission d'escorte d'une mission « Iron Hand » au mois d'octobre.

Cette unique participation à la guerre des Crusader de chasse des Marines depuis un porte-avions a donc été concluante.

À plusieurs reprises, entre avril 1964 et décembre 1965, des détachements de Crusader de reconnaissance de la VMCJ-1 ont été embarqués sur le *Ticonderoga*, le *Constellation*, le *Coral Sea* et l'*Oriskany* pour épauler leurs confrères des unités de reconnaissance embarquées de l'US Navy et pour des périodes plus ou moins longues. Ils ont donc participé, avec leurs RF-8A, à des missions sur toute l'Asie du Sud-Est.

Mais pour les Crusader des Marines, qu'ils soient spécialisés pour la reconnaissance ou pas, l'essentiel des missions a été effectué depuis des bases terrestres, notamment depuis Da Nang.

Plus qu'un hélicoptère de sauvetage, ce HH-2C de la HC-7 était perçu comme un véritable ange sauveur. Nombre de pilotes furent récupérés sous les balles ennemies par ces appareils de plus en plus adaptés à la mission. (Peter B Lewis)

Depuis Da Nang

La première unité de F-8 des Marines basée à Da Nang, la VMF(AW)-312 arriva avec ses Crusader le 19 décembre 1965. Elle fut relevée par la VMF(AW)-235 au mois de février 1966 après avoir effectué 718 missions pour passer sur F-4 aux USA. Elle laissa donc ses avions sur place qui furent récupérés par l'unité qui lui succéda.

La VMF(AW)-235 arriva donc pour un détachement qui dura jusqu'au mois de novembre 1967. C'est la VMF(AW)-232 qui la releva jusqu'au mois de septembre 1967.

La VMF(AW)-235 fut de retour à Da Nang en février 1967. Elle quitta le Viêt Nam en mai 1968 pour rentrer aux USA afin d'être transformée, elle aussi, sur sa nouvelle monture, le F-4 Phantom II. Il était temps, certains F-8E, hérités du passage de la VMF-312 trois ans plus tôt, étaient en bout de course. Au final, la 235 a effectué 9 140 missions au Viêt Nam.

Décollage de Da Nang avec bombes et roquettes, ce F-8 de la VMF(AW)-232 part soutenir des troupes au contact de l'ennemi. (US Navy)

« Traitement » d'un site SAM par les bombardiers américains, l'élimination de cette menace était de prime importance pour les militaires… pourvu que la Maison Blanche laisse faire… (USAF)

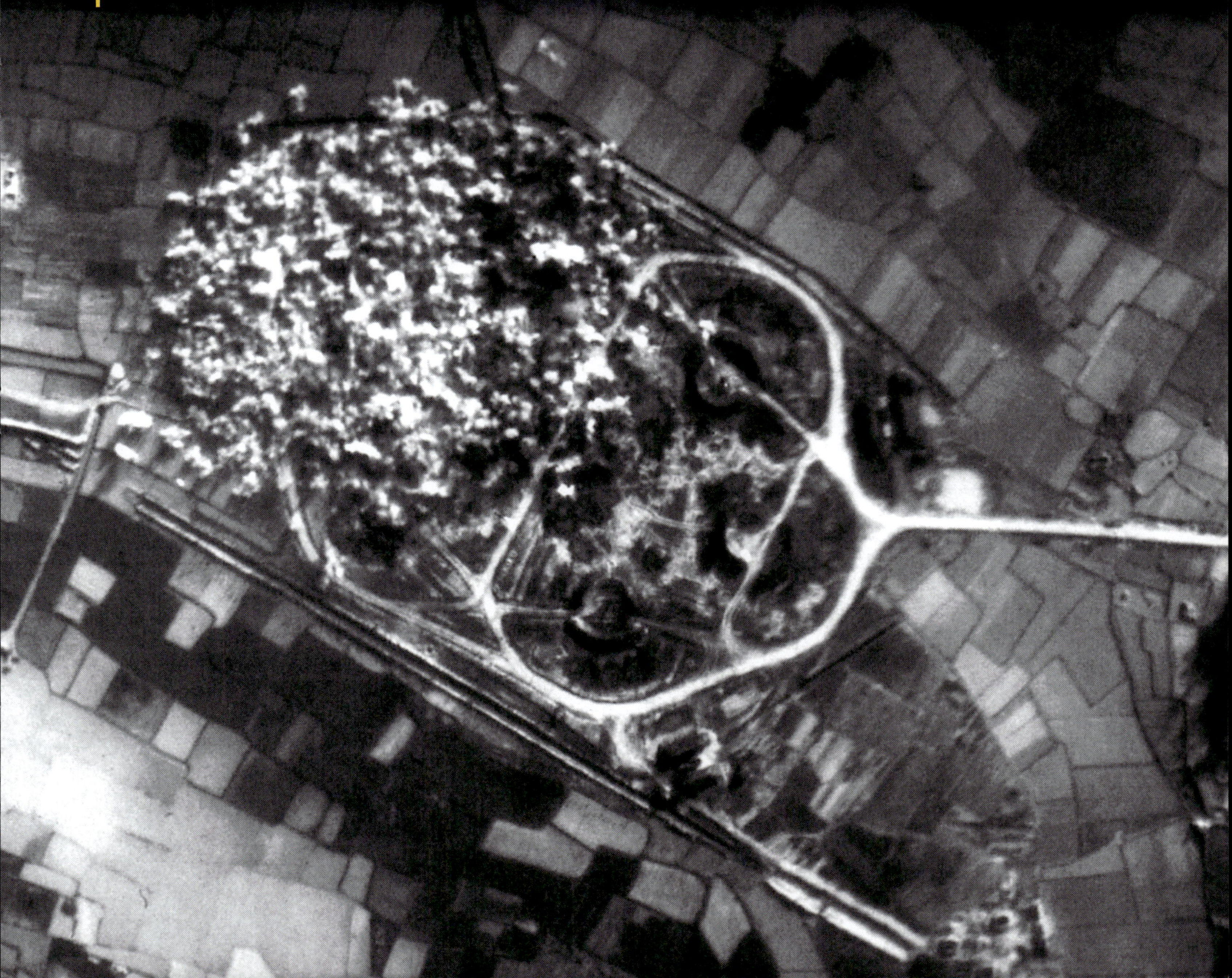

Dans les premiers mois de 1968, les Marines participèrent activement au soutien de la base de Khe Sanh assiégée car le Crusader était une plateforme de straffing particulièrement appréciée. L'avion était aussi capable d'emporter des bombes lourdes dans la série des Mk 80 en plus de ses roquettes. L'utilisation de la longue piste de Da Nang était là un avantage que les catapultes des porte-avions de la classe Essex, en raison de leur puissance limitée, ne permettaient pas toujours.

Parfois, les pilotes du Marines Corps étaient amenés à larguer leurs charges à moins de 100 mètres des lignes amies…

Les Marines utilisaient régulièrement leurs Mk.84 de 2 000 livres avec des fusées Daisy-Cutter avec des résultats particulièrement meurtriers. Mais le coup le plus « fumeux » a été porté au crédit d'un pilote du VMJC-1 qui, avec son RF-8 non armé a été crédité d'un « truck kill ». En passant au ras d'une route de montagne, à très haute vitesse et à très basse hauteur, le Crusader a causé une telle frayeur à un conducteur d'un camion Viêt-Cong qu'il a fait plonger son véhicule dans le ravin…
Bien qu'ayant participé à de nombreuses missions de chasse, aucun pilote du Corps n'est parvenu à shooter un MiG. Les pertes se sont montées à 21 avions. Cinq de leurs pilotes ont été tués et deux ont passé de longues années comme prisonniers de guerre.

L'amiral Stockdale, au centre, récipiendaire de la médaille d'Honneur lors d'une réception à la Maison Blanche. Premier pilote à atteindre les 1 000 heures de vol sur F-8 Crusader, il était commandant de la VF-51 le 4 août 1964 lorsque son unité fut engagée contre les vedettes nord-vietnamiennes dans le golfe du Tonkin. Le 9 septembre 1965, âgé de 42 ans et devenu commandant du groupe aérien de l'Oriskany, il fut abattu par la DCA aux commandes de son Skyhawk et fait prisonnier. Interné à Hanoï, il subit les pires traitements mais sans jamais céder, préférant tenter de se suicider plutôt que parler ou servir la propagande du régime du Nord-Viêt Nam. Sauvé de justesse, il demeure prisonnier et n'est libéré qu'en février 1973. C'est pour sa résistance et l'exemple donné à ses codétenus qu'il reçoit donc la « Medal of Honor » en 1976. Il quitte la Navy en 1979 avec le grade de Vice Admiral. Il se porte candidat à la vice-présidence aux côtés de l'homme d'affaires Ross Perot à l'élection présidentielle 1992, finalement remportée par l'équipe de Bill Clinton. Il est décédé en 2005. (US DoD)

Bien que généralement basés à terre et dédiés au soutien des troupes du Corps, les F-8 des Marines furent occasionnellement embarqués pour « amariner » les pilotes et les former aux opérations aéronavales, tel ce F8U-1 de la VMF-323 faisant des « touch-and-go » sur l'Oriskany. (US Navy)

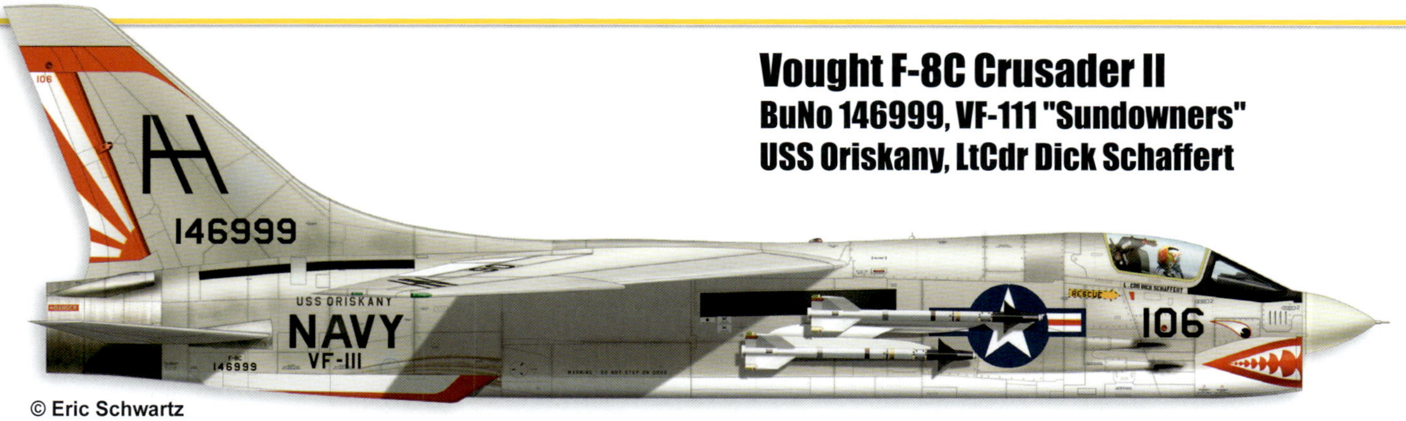

Vought F-8C Crusader II
BuNo 146999, VF-111 "Sundowners"
USS Oriskany, LtCdr Dick Schaffert

© Eric Schwartz

Vought F-8E Crusader II
BuNo 150909, VF-194 "Red Lightnings"
CAG, Cdr Billy Phillips

© Eric Schwartz

Tendu sur son brin après un appontage réussi, ce F8U-1 représente la version la plus lisse du Crusader : pas de quilles ventrales, pas d'écopes et un rail mono-missile sur les flancs. (US Navy)

Vu de face, l'A-7 Corsair ne peut renier sa parenté avec le F-8. Son aspect plus trapu et ses emports alaires laissent peu de doute sur sa mission première. Cet A-7A de la VA-97 s'apprête à être catapulté du Constellation. (US Navy)

Ce F-8C BuNo 147007 de la VMF-334 pris à MCAS El Toro est moins coloré que son "collègue" de la page 36. Comme la plupart des unités, les Falcons ont adoptés plusieurs livrées au fil des appareils en dotation. On aperçoit l'aérofrein ouvert et l'écope de refroidissement sur la tuyère se détache parfaitement. (US Navy)

Vought RF-8A Crusader
BuNo 146871 VFP-62 " Eyes of the Fleet"
NAS Key West, Novembre 1962

© Eric Schwartz

Bilan des F-8 Crusader au Viêt Nam

La décennie d'affrontements dans le sud-est asiatique entraîna la perte de 854 avions et la mort de 575 pilotes et membres d'équipage pour l'US Navy, 271 avions et 241 hommes pour le corps des Marines tandis que 156 autres (dont 12 Marines) passèrent de longues années, dans des conditions difficiles, comme prisonniers de guerre.

Avec 170 Crusader détruits par accidents ou faits de guerre dans le sud-est asiatique, c'est plus de 10 % de la production du F-8 qui fut perdue au cours de ce conflit. Une grande majorité de ces pertes fut enregistrée au nord. 49 pilotes de F-8 furent tués (44 pour la Navy, 5 pour les Marines), 22 autres connurent les geôles communistes.

Les pertes au combat furent essentiellement le fait de l'action de la terrible artillerie de défense aérienne vietnamienne. Onze furent touchés par des SAM et les MiG-17 remportèrent trois victoires aériennes contre des Crusader.

Les lignes pures du Crusader sont mises en évidence avec ce F-8J de la VF-191 affecté à l'Oriskany en 1972. La VF-191 a une victoire air-air a son actif en 1968. (US Navy)

Proue du Constellation avec le CVW-15 à son bord en 1966. Le "Connie" a fait sept croisières au Viêt Nam pour un total de 824 jours en première ligne mais il n'embarqua que des RF-8A lors de sa première croisière. (NNAM via Francillon)

Les porte-avions des Crusader au Viêt Nam

Au cours de leurs différents déploiements aux Viêt Nam, les Crusader de la Navy et des Marines ont fréquenté les ponts de douze porte-avions américains. Si des navires des classes Forrestal, Forrestal/Kitty Hawk et Midway ont été mis à contribution, certains seulement pour les détachements de RF-8, ce sont bien les porte-avions de la classe Essex qui ont servi de bases aux supersoniques Vought.

Les porte-avions de la classe Essex étaient un héritage direct de la Seconde Guerre mondiale. Vingt-quatre navires, construits à partir de 1941, entrèrent en service et constituèrent le cœur des Task Force qui ont mis à genoux les forces Impériales japonaises dans le Pacifique, sans connaître une seule perte, même si certains, notamment l'*USS Franklin* et le *Bunker Hill*, ont subi de lourds dégâts à la suite d'attaques de l'aviation ennemie. Plusieurs d'entres eux participèrent ensuite à la guerre de Corée.

Pour leur garantir de pouvoir continuer à servir en dépit de l'arrivée des nouveaux avions à réaction embarqués, plus puissants et plus lourds que les appareils de la génération précédente, il fut nécessaire d'engager un chantier de modernisation majeur dès le milieu des années 1950.
Entre 1950 et 1955, quinze de ces navires furent profondément modifiés selon le programme SCB-27 (Ship Construction Bureau) qui nécessita leur immobilisation pendant deux ans en chantier naval. Outre le renforcement de l'armement défensif, il fallut renforcer la structure du pont, modifier et agrandir les ascenseurs pour leur permettre d'emporter des aéronefs plus importants et plus lourds. L'îlot fut aussi totalement refondu et les aménagements intérieurs entièrement refaits. Les capacités d'emport de carburant aéronautique furent augmentées singulièrement. Ces modifications entraînèrent toutefois un alourdissement du navire, une modification de sa ligne de flottaison et donc une réduction de la vitesse du bâtiment.

Les catapultes hydrauliques d'origine furent remplacées par de nouvelles plus puissantes. Les navires modifiés selon le SCB-27A reçurent des modèles hydrauliques H8 plus récentes. Ceux éligibles au programme SCB-27C furent dotés de catapultes à vapeur C11 encore plus puissantes.

Par la suite, entre 1955 et 1959, quatorze de ces navires subirent encore plus de modifications selon le programme SCB-125. Bien que ne nécessitant seulement 7 à 8 mois de chantier, l'allure générale et l'utilisation opérationnelle de ces navires fut radicalement bouleversée par l'innovation apportée par le nouveau pont oblique. L'ascenseur principal, en position centrale, fut déplacé à tribord, modification effectuée sur les six derniers chantiers SBC-27.

Certains de ces navires subirent ensuite le programme FRAM II (Fleet Rehabilitation and modernization) sous la référence SCB-144 pour améliorer les capacités de guerre anti-sous-marine des SCB-27A. Ce programme fut achevé en 1965 et comprenait l'installation d'un sonar SQS-23, d'une ancre de proue et d'un écubier, ainsi qu'une refonte complète du Combat Information Center du navire. Ils étaient ainsi prêts pour une nouvelle guerre qui se profilait déjà de façon inquiétante.

Leur taille réduite était tout à fait adaptée à l'embarquement des A-4 Skyhawk, des F-8 Crusader et de son cousin A-7 Corsair II. On trouvait aussi à bord des A-1 Skyraider et des S-2 Tracker. Pourtant, les « Twenty Seven Charlie » (27C) étaient tout à fait capable de mettre en œuvre des A-3 Skywarrior, les plus lourds des avions embarqués de l'époque. Ils furent cependant, par choix tactique, essentiellement utilisés par des groupes aériens constitués de F-8 et d'A-4 quand les porte-avions de plus gros tonnage embarquaient des F-4 et des A-6.
Les porte-avions de la classe Essex furent progressivement retirés du service à partir de la fin des années 1960. C'est l'un des facteurs expliquant aussi la raréfaction du F-8, outre son remplacement par le F-4 plus polyvalent, au-dessus du Vietnam au cours de la seconde partie du conflit.

Le dernier représentant de la classe Essex en service, le *Lexington* utilisé pour la formation des pilotes embarqués, fut mis à la retraite en 1991. Il est préservé à NAS Corpus Christi au Texas.

Trois autres de ses sisterships sont également conservés : L'*USS Hornet* à Alameda dans la baie de San Francisco en Californie, l'*USS Intrepid* amarré à New York et le Yorktown à Mount Pleasant en Caroline du Sud. Les autres ont tous été ferraillés, sauf l'*Oriskany* dont la coque a été immergée pour servir de récif artificiel dans le Golfe du Mexique, au large de Pensacola, en 2008.

Au Vietnam, les Crusader des flottilles de l'US Navy ont été utilisés depuis les *USS Hancock*, *Bon Homme Richard*, *Ticonderoga*, *Oriskany*, *Intrepid* et *Shangri-la*, tous de la classe Essex.

Ils utilisèrent aussi les navires de la classe Forrestal comme le *Kitty Hawk*, le *Constellation* et le *Ranger*, ces deux derniers uniquement par des RF-8, mais aussi de la classe Midway, dont le *Midway* lui-même, le *Coral Sea* et le *Roosevelt*, ce dernier uniquement par des Crusader de reconnaissance également.

L'USS Bon Homme Richard à pleine vitesse avec son escorte. Il fit six croisières au Viêt Nam et passa 620 jours sur Yankee Station. On peut apercevoir des Crusader des VF-51 et 53 sur le pont aves les Skyhawk et un E-1B Tracer. (US Navy)

Autre vue du "Bonnie Dick" en 1964, on constate que son groupe aérien était déjà composé de F-8, A-4 et E-1 bien qu'il ait embarqué les CVW-19, 21 et 5 entre 1964 et 1970. (US Navy)

Vue post-Viêt Nam du Coral Sea équipé ici de Phantom et d'un canon Phallanx de défense rapprochée. Il a largement contribué au conflit avec sept croisières totalisant 875 jours sur Yankee Station. Pour sa première croisière en 1965, il embarqua le CVW-15 avec Phantom et Crusader ! (US Navy)

Pont du Coral Sea avec les appareils du CVW-15 vus depuis la passerelle, dont une paire de RF-8A sur la droite. (US Navy)

USS Bon Homme Richard en baie de San Diego en 1970 avec un groupe aérien pour le moins usé à en juger par l'état des avions sur le pont. (US Navy)

Les porte-avions ayant embarqué des Crusader au Vietnam

Navire	Numéro de coque	Classe	Mise en service	Retrait du service	Longueur du pont (m)	Largeur du pont (m)	Déplacement en charge (t)	Vitesse maxi (nd)	Équipage	Catapultes	Ascenseurs
USS Intrepid	CV 11	Essex	9 fev 1952	14 mars 1974	267,00	58,50	40 600,00	33	3 450	2	3
USS Ticonderoga	CV 14	Essex	31 jan 1952	16 nov 1973	270,80	58,50	41 700,00	33	3 450	2	3
USS Hancock	CV 19	Essex	15 fev 1954	30 jan 1976	270,80	58,50	44 700,00	33	3 450	2	3
SS Bon Homme Richard	CV 31	Essex	15 jan 1951	2 juil 1971	270,80	58,50	44 700,00	33	3 450	2	3
USS Oriskany	CV 34	Essex	25 sept 1950	30 sept 1976	277,70	59,50	44 700,00	33	3 460	2	3
USS Shangri La	CV 38	Essex	10 mai 1951	30 juil 1971	272,60	58,50	44 700,00	33	3 450	2	3
USS Midway	CV 41	Midway	30 sept 1957	11 avril 1992	304,00	72,50	64 000,00	>30	4 770	2	3
SS Franklin Roosevelt	CV 42	Midway	6 avril 1956	30 sept 1977	304,00	72,50	64 000,00	>30	4 770	2	3
USS Coral Sea	CV 43	Midway	25 jan 1960	30 avril 1990	304,00	72,50	64 000,00	>30	4 770	3	3
USS Ranger	CV 61	Forrestal	10 aout 1957	10 juil 1993	324,00	76,30	78 200,00	>30	5 380	4	4
USS Kitty Hawk	CV 63	Kitty Hawk	29 avril 1961	12 mai 2009	319,00	76,80	82 200,00	>30	5 380	4	4
USS Constellation	CV 64	Kitty Hawk	27 oct 1961	7 aout 2003	323,80	76,80	82 200,00	>30	5 380	4	4
titre de comparaison :											
Clemenceau	R98	Clemenceau	22 nov 1961	1 oct 1997	265,00	51,20	32 800,00	32	1 920	2	2

Rare vue de trois porte-avions au chantier naval de Hunter's Point à San Francisco en 1971. Les navires sont le Ranger (dans la forme) et les Hancock (19) et Coral Sea (43). (USN via Francillon)

Fin de carrière

Après la guerre

La déflation des Crusader de l'inventaire de la Navy et du Marines Corps a débuté dès la fin des années 60. Les flottilles affectées sur la côte Pacifique sont généralement transformées sur F-4 Phantom, les unités de la côte Atlantique sont, par contre, souvent dissoutes. Lors de la dernière année du conflit, en 1973, quatre flottilles de chasse et une de reconnaissance opéraient encore au large de l'Asie du Sud-Est depuis les porte-avions *Hancock* et *Oriskany*.

Des F-8 pour Israël ?

À l'issue de sa dernière croisière au large des côtes du sud-est asiatique qui a débuté en mai 1973, l'*USS Hancock* est envoyé vers le Moyen-Orient au mois d'octobre. La guerre du Kippour opposant le jeune État d'Israël à ses voisins arabes venant d'éclater. À la grande stupéfaction de l'équipage, il est question un moment que l'ensemble des appareils de combat disponibles à bord, les F-8 Crusader des VF-24 et VF-211 mais aussi les A-4 Skyhawk, soient convoyés jusqu'aux bases de l'aviation israélienne pour servir de renfort car le sort des armes ne lui était pas favorables dans les premiers temps du conflit. Les Israéliens parvinrent cependant à renverser la tendance avant que les appareils ne soient livrés, privant ce pays de devenir le quatrième utilisateur du F-8 ! Le *Hancock* rentra donc ensuite aux USA avec tous ses avions en janvier 1974.

Le chant du cygne

Parmi les autres unités encore utilisatrices du supersonique de Vought, les VF-24 « Checkertails » et VF-211 « MiG Killer » se distinguèrent en 1975 en effectuant leur transformation directement sur le tout nouveau F-14 Tomcat. Cette même année, les deux dernières unités de chasse du Marines Corps à voler sur Crusader, les VMFA-112 et 321, abandonnent leurs F-8 pour des F-4.

En avril 1976, deux unités de réservistes, les VF-201 et 202 qui avaient adopté le Crusader au début des années 70 reçurent leurs premiers F-4N Phantom en lieu et place de leurs F-8K.

La toute dernière mission embarquée des Crusader de chasse de la Navy se déroula à bord de l'*Oriskany* qui embarqua les F-8 des VF-191 et VF-194 du 16 septembre 1975 au 3 mars 1976. Les deux unités furent ensuite transformées sur F-4 et le porte-avions retiré du service dans la foulée.

Il ne resta alors en service que les derniers Crusader de reconnaissance qui continuèrent leur carrière au sein des VFP-63, 206 et 306, ces deux dernières flottilles de reconnaissance étant des unités de réserve. Avec le retrait des derniers RA-5C Vigilante en 1979, l'US Navy connut d'ailleurs un véritable déficit opérationnel en termes de reconnaissance photographique car les flottilles de F-14 ne recevaient les nouvelles nacelles TARPS, qui devaient leur permettre de prendre le relais, qu'au compte-gouttes.

En dehors des problèmes techniques habituels à l'arrivée d'un nouveau matériel, l'USN se heurta à une véritable fronde des équipages et de l'encadrement des flottilles de Tomcat, avion de chasse et intercepteur par excellence, qui ne voulaient pas perdre du temps et des heures de vols pour une mission qui ne relevait pas de leur domaine habituel de compétence.

La VFP-63 reçu en 1970 quelques F-8H destinés à permettre la transformation des nouveaux pilotes sur le Crusader. En 1979, un détachement de la VFP-63 embarqua à bord de l'*USS Nimitz* pour une mission dans le Pacifique.

La révolution iranienne et la chute du Shah au début de l'année et surtout la crise internationale créée par la détention de nombreux otages américains à l'ambassade des USA à Téhéran amena le porte-avions à patrouiller dans l'océan Indien pour rester à portée de cette zone devenue très chaude.

En avril 1980, pour laisser la place à bord du *Nimitz* aux renforts nécessaires pour préparer l'opération « Eagle Claw » destinée à libérer les otages par la force et qui tourna au désastre, une partie du détachement de la flottille fut envoyée à bord de l'*USS Coral Sea*. Les deux porte-avions rentrèrent à Alameda en juin 1980. Cette mission avait duré dix mois.

Peu de choses distinguent le RF-8G du A mais l'époque de cette photo à Miramar laisse peu de doutes. Ce photo Crusader de la VFP-63 arbore une livrée « bicentenaire » plus colorée que la n[illegible] (US Navy)

Ce F-14A Tomcat de la VF-24 est lourdement armé de bombes pour prendre la suite des Crusader et Phantom… (US Navy)

Pont du Coral Sea avec un F-4 et un A-7 au catapultage. (US Navy)

F-8J aux couleurs du CAG de la VF-191à l'époque de l'Oriskany. (US Navy)

La VFP-63 embarqua une dernière fois en 1982 pour une mission qui s'acheva en mars et elle fut dissoute juste après. La VFP-306 fut dissoute à son tour en septembre 1984 laissant la VFP-206 devenir l'ultime unité de Crusader de l'US Navy.

Le dernier catapultage fut effectué le 18 octobre 1986 lorsque le RF-8G BuNo 145633 piloté par le Lt Cdr Barry D. Gabler a été lancé depuis l'*USS America*.

La dissolution de l'unité intervint le 29 mars 1987 sur la base d'Andrews dans le Maryland au cours d'une émouvante cérémonie, en présence de John Konrad et du « X-One » prêté pour l'occasion par le Smithonian Institute.

Le tout dernier vol fut effectué le lendemain par le Commander David Strong, qui eut aussi l'honneur d'être le dernier pilote US à devoir s'éjecter d'un F-8 deux ans plus tôt, qui ramena le RF-8G BuNo 146860 à Dulles pour qu'il entre dans les collections du NASM.

Superbes couleurs pour ces deux RA-5C de la RVAH-12. Le Vigilante aura toujours été un concurrent du RF-8 mais sa carrière aura été plus courte. (Peter B. Lewis)

RF-8G de la VFP-63 affecté au Nimitz porteur d'une triste livrée grise. (US Navy)

Ce RF-8G arbore quelques couleurs atypiques pour marquer le bicentenaire des USA en 1976, notamment le marquage USS MIDWAY en bleu-blanc-rouge. (Peter B. Lewis)

Les RF-8G ont équipé les unités de réserves, telle la VFP-206 avec ce Crusader sur le pont de l'Eisenhower. (US Navy)

Exercice conjoint avec un RF-8G de la VFP-206 et un RF-4C de la garde nationale durant Photo Finish 81. (USAF)

Les deux derniers Crusader en service dans la Navy avec une triste livrée tactique sans marquages. (US Navy)

Ce F-8J BuNo 150913 de la VF-211 arbore l'une des plus flamboyantes livrées portées par les Crusader. Le damier rouge et blanc est devenu synonyme de MiG-killer dans la Flotte avec six MiG confirmés et deux probables. (Peter B. Lewis)

Les Crusader de production

Le succès du Crusader lui assura une production sur plusieurs années mais si la conception de base était un net progrès par rapport aux chasseurs précédents, il fallut apporter de nombreux correctifs qui donnèrent lieu à plusieurs versions. Le passage d'une version à une autre n'était pas toujours significatif, comme l'atteste l'utilisation d'un modèle de série comme prototype de chaque variante, mais le F-8J était une très nette évolution du F8U-1 de dix ans son cadet.

F8U-1 Crusader, la série

Le premier Crusader de série fut le BuNo 140444 qui sortit de l'usine de Dallas le 20 septembre 1955 et qui effectua son premier vol dix jours plus tard. En janvier 1956, le major Roy Gray livra le premier F8U-1 au Corps des Marines pour commencer l'introduction dans les unités, à commencer par le Fleet Indoctrination Program au centre d'essai de Patuxent River. Ce programme fut bouclé par deux unités de la Navy, la VF-32 et la VF(AW)-3, au bout de 603 heures de vols accomplies en 412 sorties. À fin janvier, l'usine de Dallas produisait trois avions pas mois mais le premier incident arriva le 1er février quand un F8U-1 piloté par Harry Brackett se désintégra en vol, tuant le pilote. Les Carrier Qualifications (CARQUAL) furent menées par la VX-3 sur le Forrestal entre le 1er et le 15 avril 1956.

Après un second appareil perdu début mai, sans conséquences pour le Captain James Feliton qui faisait des essais. Le 14 août, c'est John Konrad qui dû s'éjecter suite à une panne de réacteur. Mais cela n'interrompit en rien les livraisons et l'intégration dans la flotte. À ce titre, la VF-194 fut la première flottille à recevoir des F8U prêts au combat le 28 décembre 1956 et le 25 mars 1957 ; c'est la VF-32 Swordmen qui était la première flottille totalement opérationnelle sur ce modèle. Ce même mois, la cadence de production de huit appareils par mois était atteinte et dura jusqu'à la fin de la production.

Ce modèle équipé d'un radar AN/APG-30 était armé de quatre canons Colt de 20 mm, d'un panier ventral escamotable de seize roquettes et de deux AIM-9 Sidewinder à guidage infrarouge.

318 appareils de cette première variante redésignée F-8A en 1962 furent produits jusqu'au 5 septembre 1958, nombre d'entre eux servant de base aux diverses versions dérivées.

Brin accroché pour ce F8U-1 de la VF-32 sur le Saratoga en 1958, le début de carrière du Crusader aura été moins problématique pour les chasseurs de la génération précédente. (US Navy)

F8U-1P, le « Photo Crusader »

Désignée V-392 par CVA, la variante de reconnaissance photographique fut confirmée par une première commande de dix-neuf appareils dérivés du F8U-1 de base. Le premier avion produit pour valider ce modèle fut un F8U-1 standard converti par le retrait de ses canons et leur remplacement par des baies photos destinées à accueillir une batterie de caméras. Il fit son premier vol le 17 décembre 1956 propulsé par un réacteur J57-P-4A et piloté par John Konrad.

Désigné YF8U-1P, le BuNo 141363 était donc désarmé mais il emportait ce qui fit finalement plus trembler l'ennemi qu'un Cruze de chasse surarmé ! En effet, ses trois caméras latérales CAX-12 Trimetrogen « horizon-to-horizon », ses deux caméras verticales K-17 (toutes installées dans ses bajoues) et les flashes pour les missions photo nocturnes permirent de renverser le cours de l'Histoire lors de la crise de Cuba en 1962. Côté performances, le F8U-1P était identique au F8U-1 standard et les modèles de série reçurent un réacteur P&W J57-P-4 ce qui permit à la Navy d'aligner son premier supersonique de reconnaissance. Cinq d'entre eux reçurent des quilles ventrales permettant d'améliorer la stabilité en vol. Un total de 143 avions fut produit en plus du prototype, devenant RF-8A en 1962.

Ce F8U-1P montre son radar de navigation et sa perche de ravitaillement déployée, deux éléments indispensables à cette variante. (US Navy)

F8U-1E, nouveau réacteur

Le modèle -1E n'était qu'un F8U-1 remotorisé avec un réacteur P&W J57-P-4A lui conférant les mêmes performances. 130 de ces avions furent assemblés à Dallas, redésignés F-8B en 1962. Le prototype du F8U-1E fut le F8U-1 BuNo 145318 modifié avec le nouveau réacteur puis mis en service actif les essais terminés.

RF-8 de la VFP-62 à l'appontage, les vitres photos permettaient des vues panoramiques. (US Navy)

Prototype du XF8U-2 (F-8C) dont les Marines furent les premiers utilisateurs. Notez les canons obturés. (US Navy)

BuNo 145546 en vol, c'est le premier F8U-2 (F-8C) produit en 1958. Il porte encore la perche de mesures sur le nez. (Vought)

F8U-2 et -2N, le Crusader II

Le 10 décembre 1957, le premier prototype XF8U-2 propulsé par un réacteur P&W J-57-P-16 plus puissant décollait de Dallas, suivi le 7 janvier du second, tous deux des F8U-1 modifiés par l'ajout de deux quilles ventrales sous l'arrière du fuselage, un radar météo assez basique et des nouvelles écopes de refroidissement. Les prototypes de cette version étaient les F8U-1 BuNo 140447 et 140448.

Le premier appareil de série, le BuNo 145546, prit son envol le 20 août 1958 et commença sa carrière opérationnelle avec les Shamrocks de la VMF-333 en 1958, suivis des Jolly Rogers de la VF-84 de la Navy opérationnels à partir du 4 avril 1959. 187 exemplaires de ce modèle furent produits jusqu'au 20 septembre 1960 puisque le 188e, le BuNo 147035, servit de prototype pour la nouvelle version F8U-2N équipé d'un radar de tir AN/APQ-94 permettant un début d'opérations tout temps. Ils devinrent des F-8C en 1962.

Cette variante servit de base au F8U-2N (F-8D) produit à hauteur de 152 exemplaires propulsés par un réacteur J57-P-20 l'emmenant presque à Mach 2. Son armement externe passait à quatre AIM-9 Sidewinder sur rails latéraux en forme de Y et le panier de roquettes avait été enlevé pour être remplacé par un réservoir de carburant. Deux prototypes furent conçus à partir de F8U-2, les BuNo 147035 et 147036 pour développer cette variante V-399.

1960, vol du 2e F8U-2N, tout sorti, aile à 7° indiquant une basse vitesse pour la pose. (Vought)

F-8C BuNo 146916 et 146925 de la VMF-334 au-dessus de la Californie en novembre 1964. (USMC via Francillon)

F8U-2NE Crusader II

Pas moins de 286 de ces avions furent construits par CVA entre 1961 et 1964. Les principales améliorations étaient un réacteur J57-P-20, un radar de tir AN/APQ-95 logé dans un radome plus gros et deux points alaires pour l'emport de missiles AGM-12 Bullpup. Les premiers de la série dénommée V-400 furent le F8U-1E BuNo 143710 et le F8U-2 BuNo 147036 qui avait servi de prototype à la version -2N.

Ce modèle est devenu le F-8E en 1962.

« French Cruze » à l'appontage sur l'USS Eisenhower qui n'a que brièvement connu des RF-8G. (US Navy)

F8U-2NE (FN), le « French Cruze »

Globalement similaire au F8U-2N de l'US Navy, le FN était conçu pour l'emploi sur les ponts plus petits des navires français qui utilisaient alors l'Aquilon pour les missions de chasse-bombardement. Ce modèle incorporait le système de contrôle de couche limite BLCS conçu par Vought, une incidence de l'aile augmentée de deux degrés donnant au pilote une meilleure visibilité en phase d'approche, des volets de bord d'attaque scindés en deux leur permettant une déflexion plus importante (44° contre seulement 27° pour les avions américains) et surtout les câblages nécessaires pour l'emploi d'armes françaises (Matra R.530 et R.550).

La Royale commanda 44 de ces avions dont quatre biplaces mais l'annulation de cette version fit transformer la commande en 42 monoplaces. Le dernier appareil est sorti des chaînes de Dallas le 25 janvier 1965 sous la dénomination F-8E(FN), mettant un terme à la production de F8U/F-8 neufs.

Les Conversions

TF-8A, l'unique Twosader

F8U-1T alors porteur des couleurs du NATC sur le pont de l'USS Independence. (US Navy)

Désireux de proposer une variante destinée à la formation des pilotes, Vought développa un Crusader biplace, le F8U-1T livré le 2 février 1962 et assemblé à partir du 74e F8U-1 de production (BuNo 143710). Cet exemplaire resté unique était propulsé par un J57-P-20 développant près de 7 500 kgp avec réchauffe et était reconnaissable, outre à son cockpit biplace en tandem, à ses quilles ventrales, sa dérive avec un logement de parachute à la base et aux écopes de refroidissement installées sur la tuyère. Le pilote arrière, légèrement surélevé, prenait la place de deux des quatre canons et leurs munitions.

En sus des deux canons restants, l'avion pouvait emporter deux AIM-9 Sidewinder sur le fuselage et avait deux points d'emport alaires pour des charges allant jusqu'à des réservoirs de 300 gallons US. La commande de la Navy pour douze avions fut annulée en 1964, faute de budget mais le prototype resta à NAS Patuxent River pour diverses évaluations.

La Navy le céda à la NASA sous la désignation NTF-8A et il vola à Langley et à Edwards. Rendu à la Navy pour préparer la formation des pilotes philippins à partir de 1977, il fut perdu le 28 juillet 1978 durant un vol d'entraînement, forçant l'instructeur américain et son élève philippin à s'éjecter.

Le même devenu TF-8A, une silhouette élégante qui n'aura existé qu'en un seul exemplaire. (US Navy)

RF-8G, le « nouveau » Photo Crusader

Largement modernisé par rapport à la version A, le G rattrapait la plupart des lacunes du modèle initial. 73 RF-8A furent transformés à partir de 1965 avec le remplacement du réacteur par un P&W J57-P-22 plus puissant (8 164 kgp avec réchauffe), l'installation de deux quilles ventrales sous le réacteur, deux stations d'emports alaires pour des nacelles ELINT ou des réservoirs externes, un radar doppler, des caméras plus modernes déplacées pour de meilleures prises de vues, des atterrisseurs renforcés et des scanners infrarouge.

Les conversions se déroulèrent en deux temps puisqu'un premier lot de 53 A fut transformé entre 1965 et 1967, les premiers entrant en service avec la VFP-62 dès octobre 1965. Suivit un second lot de 20 avions converti entre 1968 et 1970. À noter que les seuls Marines qui reçurent cette version furent les réservistes de la VMJ-4 entre 1966 et 1973. Une seconde modernisation fut conduite à partir de février 1977 avec le remplacement des réacteurs par des P&W J57-P-429, un câblage refait à neuf, et de nouvelles contre-mesures. Ce modèle était reconnaissable à ses écopes installées au dessus de la tuyère et à un carénage RWR sur le haut de la dérive.

F-8H Crusader II

89 F-8D (ex-F8U-2N) furent convertis sous ce standard motorisé par un J57-P-20 et équipé d'un computer d'approche pour le régime moteur, d'une structure renforcée, d'une aile refaite dotée de points d'emports alaires, de câblages neufs et d'une capacité de combat tout temps.

Flamboyant avec sa livrée de MiG Killer, ce F-8H est l'un des 89 F-8D modernisés avec un moteur plus puissant, des emports alaires et une électronique défensive dont on aperçoit l'une des antennes en haut de la dérive. (Peter B. Lewis)

F-8P, les Philippins

25 des F-8H stockés à Davis Monthan AFB furent ensuite convertis en F-8P pour satisfaire la commande de la PhilAF passée durant les années 1970. Refaits à neuf, ces avions servirent à peine une dizaine d'années avant d'être placés en stockage longue durée faute de pièces et de budget.

F-8J, le meilleur !

Pas moins de 135 F-8E (ex-F8U-2NE) furent modernisés pour produire cette version qui reste la plus performante de la flotte. Propulsé par un J57-P-420 offrant 8 900 kpg avec post-combustion, ce modèle plus lourd avait une aile totalement refaite avec le système de contrôle de couche limite et deux points d'emports, des stabilisateurs plus grands, une structure et des atterrisseurs renforcés et un radar tout-temps AN/APQ-124 couplé à un système modernisé de contrôle de tir.

Le prototype BuNo 149203 fut mis en service en 1968 et le modèle J fut l'incontestable « top gun » des Crusader engagés au Viêt Nam.

F-8K, modernisation générale

Vought a converti 87 F-8C (ex-F8U-2) sous ce standard en leur apportant les améliorations structurelles et systèmes apportées aux RF-8G, F-8H et F-8J, avec un réacteur J57-P-16/16A. Le premier K, le BuNo 149973 fut livré aux Marines.

F-8L, le « vieux neuf »

Basé sur le F-8B (ex F8U-1E Crusader I), les 61 modèles L suivaient la même logique que les K sur une base plus ancienne. Le moteur était cependant toujours un J57-P-4A.

F-8M Crusader I

Suivant sa logique de moderniser des avions plus anciens, cette version devait concerner la modernisation des F-8A (F8U-1) dans le standard du début des années 1970. Aucun M ne fut toutefois produit.

DF-8A/L/F, les contrôleurs de cible

Nombre de Crusader ont été convertis en contrôleurs de cibles volantes ou de drones. Le DF-8A fut obtenu à partir de F-8A transformés pour piloter des drones Regulus, à l'instar de quelques F-8B devenus DF-8L servant au pilotage à distance de drones téléguidés.

Par la suite, quelques 45 F-8A furent modifiés en DF-8F pour tracter des cibles destinées à l'entraînement au tir air-air.

QF-8A, le drone piloté

Deux F-8A furent transformés en drones mais avec un pilote à bord. Identiques aux DF-8A/L, ils pouvaient voler en étant téléguidés depuis le sol ou depuis un autre avion, tout comme un Regulus.

Les premiers F-8P furent philippins, avant la mise en service des F-8P français (pour Prolongé) (US Navy)

Couleurs du CAG sur ce F-8J de la VF-51 attaché au Bon Homme Richard. Le J fut le Crusader le plus performant en service. (Peter B. Lewis)

Ce F-8K des Marines est un ex-F-8C renforcé et devenu tout-temps pour coller aux besoins opérationnels du conflit. (US Navy)

ZephyrBD >>> Air Force Vietnam 4
ZephyrBD >>> Air Force Vietnam 3

F-8L du NARTU de NAS Willow Grove, une unité de réserve servant Navy et Marines. Le L gardait le moteur d'origine du F8U-1. (US Navy)

F-8K des réservistes de la VF-302. Les « guerriers du week-end » furent presque mieux équipés que certaines unités opérationnelles. (US Navy)

ZephyrBD >>> Air Force Vietnam 4

Le DF-8F était un contrôleur de drone pouvant voler sans pilote pour imiter des missiles de croisières. (Peter B. Lewis)

L'A-7 Corsair est en fait issu d'un projet d'attaque du F-8, d'où la ressemblance dans la conception. L'A3U-1 fut concrétisé quand le département de la défense lança le programme VAL en mai 1963. (US Navy)

Les Versions Jamais Produites

F-8F (RN) Twosader

Cette version biplace destinée à la Royal Navy britannique est restée mort-née puisqu'aucun avion ne fut produit sous ce standard. Basé sur le F8U-1T/TF-8A, ce modèle reprenait l'aile des FN avec le système à couche limite et devait être motorisé par un réacteur Rolls Royce Spey. Proposé pour l'attaque et l'entraînement, il fut écarté au profit du F-4K Phantom II.

A3U-1, le futur Corsair

Vought se lança dans le développement d'une version d'attaque du Crusader I basée sur le V-381 à partir de septembre 1952. Les travaux sur cette version jamais produite telle quelle menèrent néanmoins au Corsair II.

Le V-410, F8U-1 à poussée augmentée

Cette variante du Crusader I résulta en un unique prototype doté d'une fusée LF-40 logée à la base de la dérive au-dessus de la tuyère. Développant près de 3,6 tonnes de poussée supplémentaire, ce modèle fut abandonné après l'explosion du moteur lors d'essais statiques, tuant deux techniciens.

V-1000B Freedom Fighter

Les études pour cette version commencèrent en décembre 1969 quand l'USAF lança le programme d'un chasseur international destiné à l'export vers les pays alliés. Ce Crusader allégé était propulsé par un réacteur J79-GE-17 de 8 120 kgp. Par la suite, un second projet fut proposé, le Super V-1000 doté d'un réacteur p&W F100-P-100 mais aucun des deux n'intéressa le Pentagone qui lui préféra le F-5E Tiger II de Northrop.

Les Versions Expérimentales

F8U-3 Crusader III, le Super Crusader

Les plus connu des Crusader expérimentaux fut le F8U-3 Crusader III proposé pour concurrencer le Phantom II. Motorisé avec un réacteur P&W J75, ce chasseur tout-missile fut commandé à hauteur de 16 exemplaires par la Navy (BuNo 147085 à 147100) le 2 janvier 1958. Le 20 avril, les deux premiers XF8U-3 Crusader III (BuNo 146340 et 146341) sortaient de l'usine de Grand Prairie et le premier vol se déroula le 30 mai à Edwards AFB, en fait un saut de puce d'une centaine de mètres à l'altitude de… 1,5 m du sol ! Le premier vrai vol eut lieu le 2 juin entre les mains de Konrad et fut interrompu au bout de 48 minutes en raison de problèmes de régime moteur entraînant suffisamment de vibrations pour que l'avion perde des pièces en vol.

Le passage à Mach II fut fait lors du 38e vol le 14 août et un mois et demi plus tard, c'est le 2e prototype qui commença ses essais en vol.

Le F8U-3 aurait été le Crusader le plus performant mais pas le mieux armé : il n'emportait que trois missiles Sparrow et pas de canon. (US Navy)

Dans l'ensemble, les performances du Crusader III étaient étonnantes avec une vitesse de pointe, aussi exceptionnelle qu'unique à l'époque, de Mach 2.36. L'avion disposait de quilles ventrales escamotables, d'aucun armement interne, d'un système d'armes électronique dernier cri axé sur un radar de tir AN/AWG-7, d'une avionique assistée, d'un système automatique de contrôle du vol et d'une aile doté d'un système de contrôle de la couche limite. Côté caractéristiques, il était donc plus manœuvrable, plus rapide et tout-temps donc largement supérieur au Crusader II.

Le 1er décembre 1958, le Super Crusader effectua son dernier vol avant que ne tombe le couperet, la Navy annulant totalement le programme le 17, probablement victime de la politique favorable aux biplaces qui favorisait le Phantom II (qui lui avait été officiellement préféré le 25 novembre précédent). Pour Vought, le F8U-3 fut le meilleur chasseur jamais annulé par le Pentagone, malgré des performances largement supérieures au F4H -1 Phantom II et un coût unitaire inférieur de 25%. Un seul F8U-3 de série fut produit à un stade assez avancé pour voler, le BuNo 147085 qui fut transféré à la NASA.

L'un des premiers AIM-7 Sparrow testés à NAS Point Mugu vu ici sous l'aile d'un F3D Skyknight. Ce missile n'était pas très performant à ses débuts. (US Navy)

La NASA expérimenta le XF8U-3 sur l'île de Wallop en 1959 pour des mesures d'intensité du boum supersonique. (NASA)

Les Cruze spéciaux de la NASA

Deux F-8 très modifiés furent utilisés par la NASA à des fins d'essais d'avionique ou d'aérodynamique. Le premier date de 1971, un F-8A BuNo 141353 et codé NASA 810, fut doté d'une aile supercritique destinée à améliorer les performances de vol à vitesse subsonique. Le profil de cette aile permettait de déplacer l'onde de choc vers le bord de fuite, une caractéristique qui permit d'améliorer l'aérodynamique des aéronefs civils et militaires.

En 1972, un autre démonstrateur, le F-8C BuNo 145546 codé NASA 802 et baptisé « Iron Bird », fut testé au Dryden FRC avec des commandes de vol électriques qui permirent de développer le F-16 et le X-29.

NASA802 fut un pionnier de la commande de vol électrique qui a pavé la voie à nombre d'avions modernes. (NASA)

NASA 810 avec son profil d'aile supercritique qui sera largement exploité par Dassault sur ses jets d'affaires Falcon. (NASA)

Une histoire de désignation

Quand le Crusader est né en 1955, il n'y avait pas de système uniforme de désignation interarmes des aéronefs militaires américains. Chaque arme avait donc sa propre nomenclature ce qui donnait lieu à des différences de dénomination pour un même appareil. Par exemple, le Phantom était désigné F-4 dans l'USAF et F4H dans la Navy. Le C-47 Dakota de l'USAF était connu en tant que R5D dans la Navy. L'USAF avait repris à sa création le système en vigueur dans l'US Army Air Force jusqu'en 1947, incrémentant les désignations au fil des nouveaux appareils. Ainsi, les chasseurs sont passés du P/F-51 aux Century Fighters de la fin des années 1950. Dans la Navy, la première lettre de la désignation indiquait le type d'aéronef (F pour chasseur, P pour avion de patrouille, R pour transport…), le chiffre indiquait l'ordre de production et la lettre après le chiffre indiquait le constructeur (D pour Douglas, H pour McDonnell, V pour Lockheed, U pour Vought…). Ainsi, le F4U était le 4e chasseur de la Navy produit par Vought.

Bien que ce système réponde à une certaine logique, il fut nécessaire d'harmoniser les désignations et en septembre 1962, le Département américain de la Défense publia une circulaire en ce sens. Elle s'appliqua dès lors à tous les aéronefs alors en service dans les forces armées et à tous ceux qui furent introduits à compter de cette date.

Pour le Crusader, voici la correspondance des versions :

F8U-1	=	**F-8A**
F8U-1P	=	**RF-8A**
F8U-1E	=	**F-8B**
F8U-1T	=	**TF-8A**
F8U-2	=	**F-8C**
F8U-2N	=	**F-8D**
F8U-2NE	=	**F-8E**
F8U-1D	=	**DF-8A**

Les autre versions n'ont pas de correspondance car, soit elles n'étaient plus en service fin 1962 (F8U-3), soit elles furent introduites après 1962 (F-8J, H…).

Alignement coloré de F-8E de la VF-162 à NAS Miramar en 1966. Admirez la belle livrée du CAG. (René J. Francillon)

Sous l'armure du "Croisé"

Présentation Technique

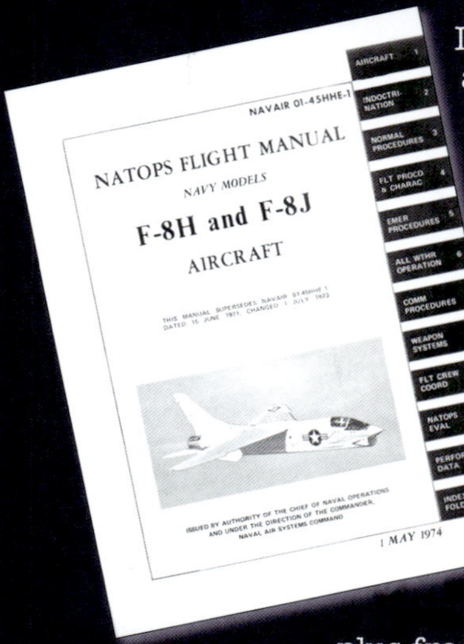

Le F8U / F-8 était un chasseur de supériorité aérienne embarqué monomoteur, monoplace à aile haute doté d'un armement interne et externe. Il fut livré en deux principales variantes correspondant aux missions qui lui furent confiées : le F-8 de chasse et le RF-8 de reconnaissance tactique. Les principales évolutions concernèrent la motorisation, l'aile et l'avionique, seule la dernière version de chasse F-8J étant agrandie pour emporter plus de carburant et s'accommoder des renforts structuraux.

Le fuselage

La structure du Crusader est faite d'un alliage aluminium complété, aux points les plus fragiles par rapport aux contraintes mécaniques, de magnésium, de titane et d'un mille-feuilles de Métalite. Le fuselage consiste en quatre sections :

- Le nez avec l'entrée d'air et l'habitacle *(photo 1)*
- La section avant avec l'atterrisseur avant, le réservoir principal
- La section centrale avec l'atterrisseur principal, l'aérofrein ventral, l'aile et le réacteur
- La section arrière avec la tuyère et la dérive et les ailerons *(photo 2)*

L'aile

Située sur le haut du fuselage, celle-ci est dotée d'une corde de 25% et d'une flèche de 42° sur le bord d'attaque et les extrémités se plient à 90° vers le haut pour permettre le stockage et les mouvements à bord des porte-avions. De structure monoplan cantilever avec un dièdre négatif de 5°, elle fut développée selon un profil supersonique modifié NACA 65A006 avec des extrémités suivant le profil modifié NACA65A005 *(photo 3)*.

À partir du F-8C, deux points d'emports étaient inclus pour des charges externes. La principale caractéristique de l'aile était son incidence variable de 7° par rapport à l'axe longitudinal du fuselage. Le gain se mesurait en terme de visibilité pour le pilote dans la phase d'approche lors des appontages. Cette incidence était de 9° pour les Crusader français car les ponts plus courts des Foch et Clemenceau rendaient l'approche encore plus délicate. Le vérin pneumatique contrôlant ce mouvement mesurait 86 cm pouvait actionner une extension de 2,5 tonnes et une traction de 780 kg pour rabaisser l'aile. À noter que l'aile du Crusader III était actionnée par un système de double vis sans fin.

La structure centrale de l'aile contenait un réservoir de carburant, lequel, ajouté au réservoir du fuselage conférait une autonomie en vol de quelque quatre heures sans réservoirs externes. Ces réservoirs étaient connectés à une perche repliable de ravitaillement en vol située dans un logement sur le flanc avant gauche de l'avion *(photo 4)*.

Le système de contrôle de la couche limite fut développé durant la production du F8U et ne fut incorporé en série qu'à partir du modèle F-8E (FN) puis rétrofitté sur certaines des variantes modernisées. Il permettait de gagner jusqu'à 4° d'incidence en phase d'approche mais il ne remplaça jamais l'incidence variable de l'aile. Facteur clé tout au long du développement de l'avion, l'incidence put encore être améliorée par l'ajout de flaperons sur les bords de fuite de l'aile au niveau du raccord fuselage *(photo 5)*.

1
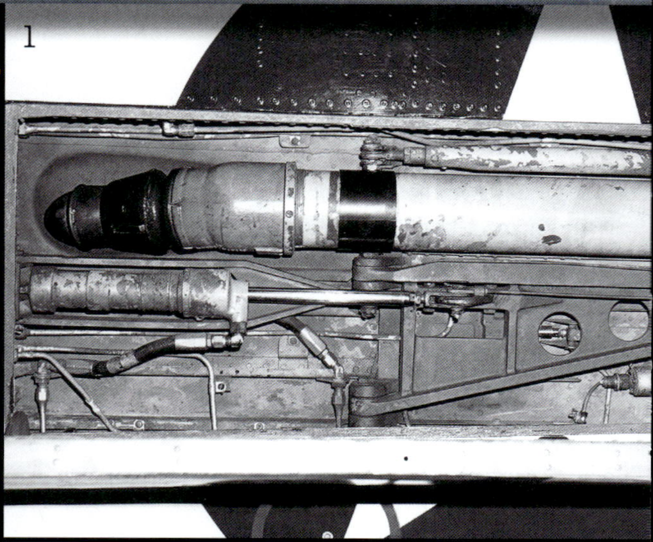

2

3

4

5

© Eric Schwartz

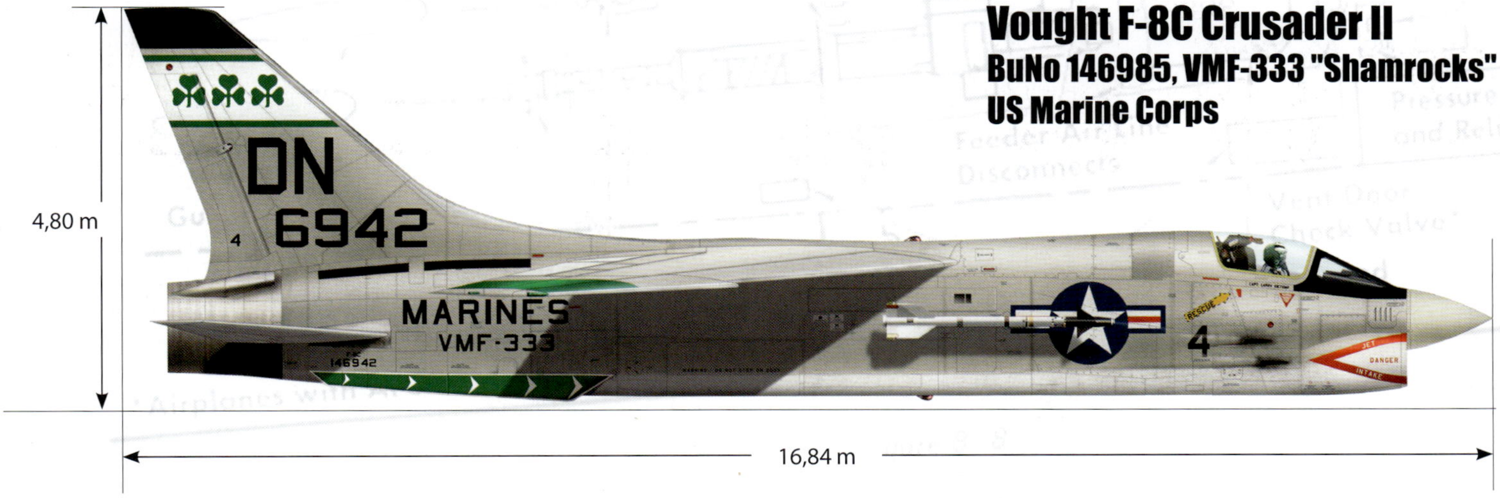

Vought F-8C Crusader II
BuNo 146985, VMF-333 "Shamrocks"
US Marine Corps

CARACTÉRISTIQUES DU "CRUSADER"

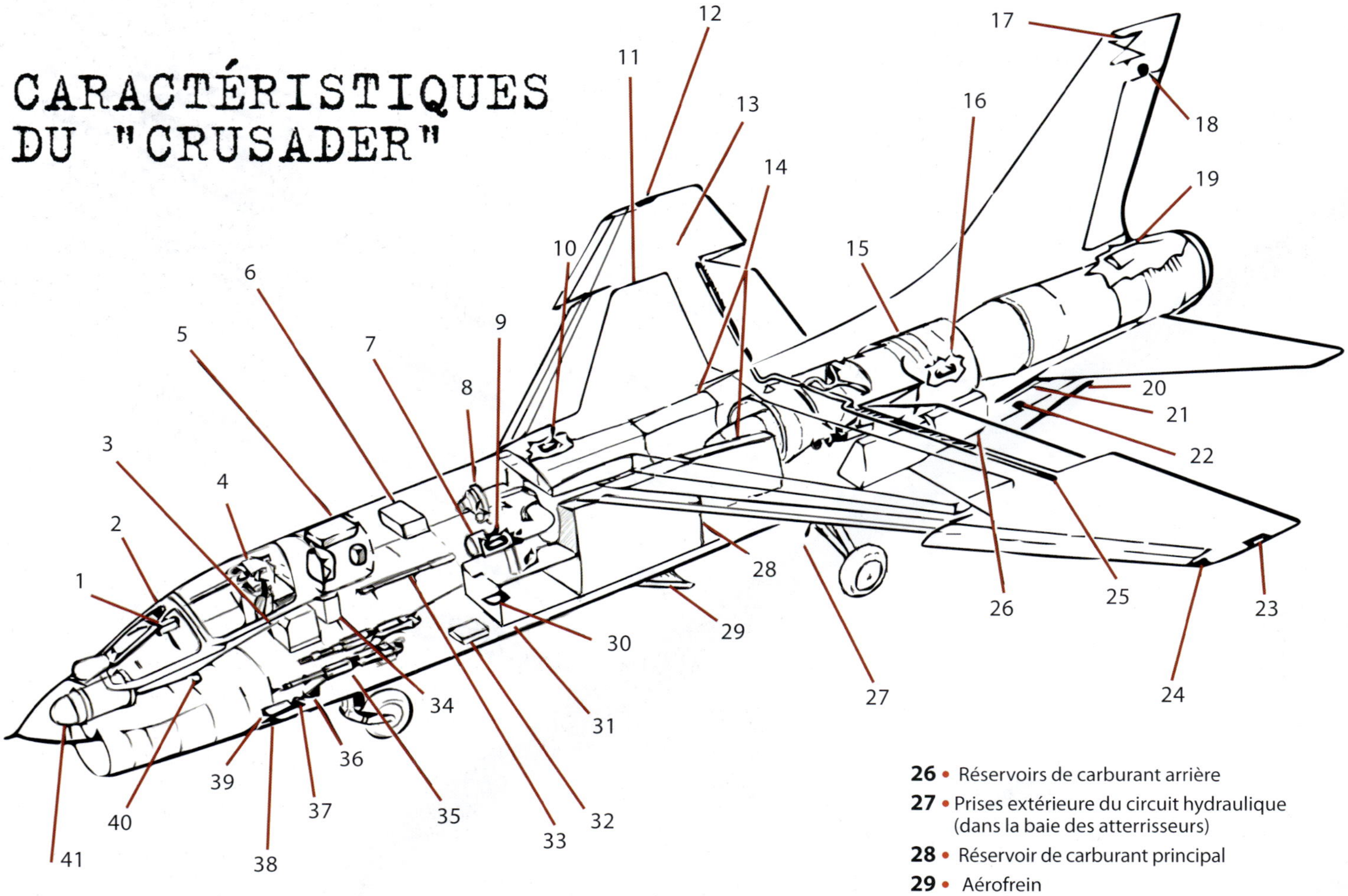

1 • Cadran du contrôle de tir
2 • Collimateur
3 • Baie électrique
4 • Siège éjectable Martin Baker
5 • Compartiment avionique
6 • Transmetteur émetteur TACAN
7 • Génératrice d'urgence
8 • Échangeur thermique et refroidisseur de la turbine
9 • Feux de fuselage pour le vol en formation
10 • Feux anti collision supérieur
11 • Réservoir d'aile
12 • Feux de formation tribord
13 • Transmetteur du compas MA-1
14 • Réservoirs centraux de carburant
15 • Réacteur J57 P-20A ou J57 P420
16 • Feux arrière de vol en formation
17 • Antenne et transpondeur UHF
18 • Feux de dérive de vol en formation
19 • Écope de refroidissement
20 • Quille Ventrale
21 • Crosse d'appontage
22 • Crochet de retenue pour le catapultage
23 • Feux de vol en formation bâbord
24 • Feux de navigation bâbord
25 • Système de contrôle de la couche limite
26 • Réservoirs de carburant arrière
27 • Prises extérieure du circuit hydraulique (dans la baie des atterrisseurs)
28 • Réservoir de carburant principal
29 • Aérofrein
30 • Lampe anticollision ventrale
31 • Réservoir de carburant avant
32 • Émetteur-récepteur de l'Altimètre Radio et son antenne
33 • Perche de ravitaillement
34 • Groupe relais électrique
35 • Canons de 20 mm
36 • Antenne ADF
37 • Antenne AN/ARA-63
38 • Prise de courant externe
39 • Antenne TACAN
40 • Éclairage pour ravitaillement en vol
41 • Antenne Radar et de contrôle de tir

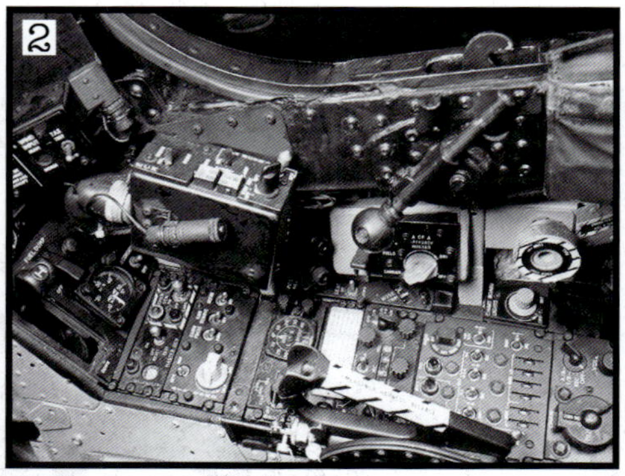

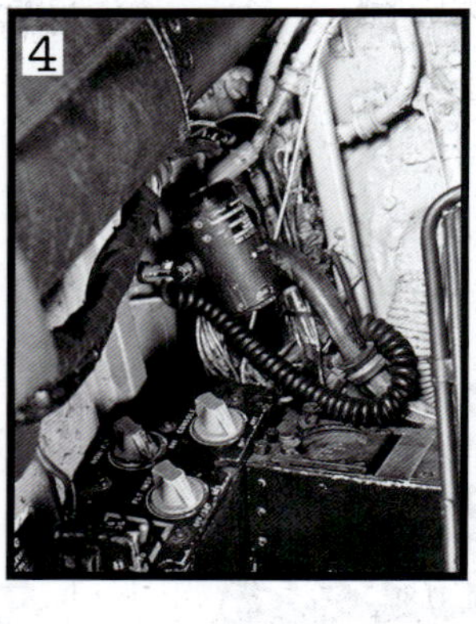

TECHNIQUE ET VERSIONS

7

8

9

10

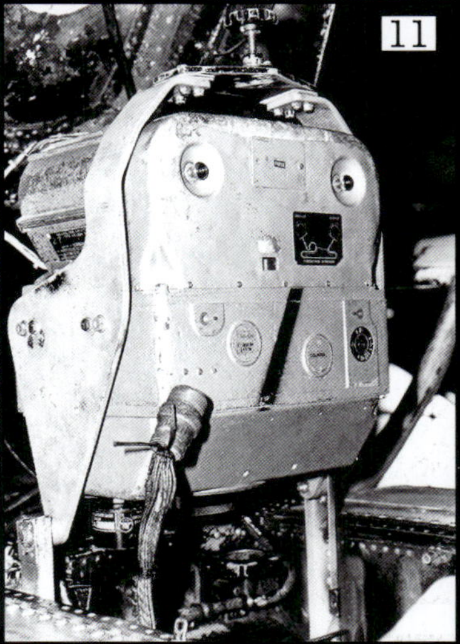
11

12

L'habitacle

Au centre du cockpit pressurisé et conditionné se tient le siège éjectable. Initialement développé par Vought, ce siège léger fut remplacé par un Martin Baker Mk.5 puis par un Mk.7, tous deux « zéro-zéro ». La disposition classique de la cabine incluait deux consoles latérales, avec la poignée des gaz sur la gauche, et une console centrale avec les instruments analogiques classiques de l'époque disposés autour d'un écran radar plus grand au fil des versions *(photos 1, 2, 3, 4 et 5)*.

Le moteur

La motorisation du Crusader reste l'un des éléments clés de son développement toutefois, chaque nouvelle variante du J57 servit essentiellement à compenser la prise de poids liée à la maturité du chasseur avec l'intégration de nouveaux composants ou éléments pour chaque modèle, leur conférant des performances globales assez proches. Il y a cependant un net progrès entre le F8U-1/F-8A et le F-8J puisque le J57-P-4 de base développait 7260 kgp avec réchauffe tandis que le J-57P-420 passait à 8 900 kgp *(photo 6)* !

L'armement

Côté armement interne, les premiers Crusader emportaient quatre canons de Colt Mk.12 de 20 mm alimentés par 84 obus chacun, nombre qui passa à 144 sur les versions dépourvues de panier roquettes. Ce dernier fut installé uniquement sur les premières versions F8U-1, -1E et -2. Il consistait en une nacelle escamotable de huit tubes installée sous le ventre entre l'atterrisseur et l'aérofrein en enfermait seize roquettes Mighty Mouse non guidées de 2.75 pouces *(photo 7)*.

Pour l'armement externe, la panoplie d'emport du F-8 s'est développée avec les diverses variantes mises en service, le F8U-2N/F-8D introduisant un pylône latéral en forme de Y permettant l'emport de quatre missiles air-air courte portée ou nacelles lance-roquettes sur les côtés du fuselage. Par ailleurs, l'intégration de l'aile de type AFC497 à partir du F8U-2/F-8C permit l'installation de deux pylônes alaires pouvant recevoir armes et réservoir externes. Cet arsenal comprenait des missiles AIM-9 Sidewinder à guidage infrarouge, des nacelles lance-roquettes Zuni, des missiles air-sol AGM-12 Bullpup, des bombes gravitationnelles non-guidées de type Snakeye Mk.81 à 84 et bien sûr, postulat obligatoire pour l'époque, certaines charges nucléaires *(Photos 8 et 9)*.

Les caméras du RF-8

a version reconnaissance du Crusader était désarmée mais ses emports étaient au moins aussi dangereux. Le F8U-1P/RF-8A emportait trois caméras panoramiques horizon-à-horizon Trimetrogen CAX-12 et deux caméras verticales K-17. L'une des caméras verticales était installée sous le pilote avec un carénage permettant de filmer vers l'avant *(photos 10 et 11)*.

La version RF-8G pouvait également emporter la caméra plus moderne KA-66 installée dans la partie droite de la baie *(photo 12)*.

À noter que la loi des aires avait entraîné une légère différence dans la forme du fuselage des RF, la partie supérieure de l'aile étant plus arrondie afin de compenser l'aérodynamique du méplat sous le cockpit, cette partie abritant les caméras.

Présentation des armes

Le Canon Colt Mk.12 de 20mm

Ce canon équipait tous les modèles de F-8 à l'exception des RF-8 et des F8U-3. L'armement standard consistait en quatre canons disposés à raison de deux sur chaque flanc. La capacité initiale en obus était de 84 coups par canon mais elle passa à 144 avec le retrait du pack ventral de roquettes.

AIM-9 Sidewinder

Ce missile air-air à guidage infrarouge a été conçu par le Naval Weapon Center de NAS China Lake à partir du début des années 1950. Le premier tir eut lieu le 11 septembre 1953 sous la dénomination XAAM-N-7 et la Navy a confié la production à Philco (devenue Ford puis Raytheon) de ces missiles initialement désignés N-7 dans la Navy et GAR-8 dans l'USAF entrèrent en service à partir de 1956.

De conception très simple, ce missile filait à plus de Mach 2,5 en 2,2 secondes une fois la tête IR pointée par le pilote vers la tuyère de son adversaire, ce qui impliquait de toujours se placer dans ses six heures. La première utilisation au combat eut lieu en octobre 1958 lors de la première confrontation entre la Chine Populaire de Mao et Taiwan, avec jusqu'à quatorze victoires en une journée des F-86 de la RoCAF contre les MiG-17 communistes. C'est d'ailleurs durant ce conflit qu'un Sidewinder non explosé s'encastra dans une tuyère et fut récupéré intact par les communistes qui en firent une copie, l'AA-2 Atoll.

Le Sidewinder a été développé en plusieurs versions entre l'AIM-9B de Philco et l'AIM-9X de Raytheon en service aujourd'hui, le temps de vol passant de 20 secondes à plus d'une minute, la portée passant de 3,2 km à plus de 20 km, avec un taux de succès considérablement supérieur grâce à des caractéristiques qui lui permettent désormais de s'affranchir de la contrainte des six heures, de la distance et de la météo.
Au Viêt Nam, la Navy a obtenu quarante-huit victoires air-air, les Marines une et l'USAF trente-quatre grâce aux AIM-9B/D/G (83 au total)

AGM-12 Bullpup

Le Bullpup fut le premier missile air-sol mis en service par la Navy et l'USAF, il s'agissait d'un missile à courte portée conçu à partir de 1953 pour la destruction de cibles très protégées par la DCA, le tir à distance permettant aux avions attaquant de rester hors de portée. Développé par Martin et testé à partir d'avril 1954, l'ASM-N-7 était assez petit avec une charge militaire de 113 kg et une portée de 11 km. Il commença à être livré à la Navy en avril 1959. Le pilote devait repérer la cible afin de guider manuellement le missile durant son parcours, un concept qui rendait l'avion tirant assez vulnérable malgré tout puisque le pilote devait garder son objectif en vue. Une nouvelle variante, le Bullpup A fut introduite à partir de 1960 puis à partir de 1964, c'est la version B plus grosse qui commença à être livrée avec une charge de 453 kg et une portée de 16 km.

Entretemps, l'USAF qui développait son propre missile GAM-79 White Lance s'associa au programme pour mettre en service son AGM-83A Bullpup. En juin 1963, tous les modèles furent redésignés AGM-12A à D et deux nouvelles variantes leur succédèrent.
Les performances globalement décevantes des Bullpup entraînèrent leur retrait au début des années 1980 après une production totale de quelque 30 000 missiles.
Deux AGM-12 pouvaient être emportés par le Crusader sous pylônes éjecteurs Aero 7A ou A-1 pour les appareils dotés de l'aile AFC497 (certains F-8C, les F-8E et les F-8J).

Bombes Snakeye Mk.81 à 84

Les Snakeye série Mk 80 sont une gamme de bombes gravitationnelles introduites durant la guerre du Viêt-Nam afin de remplacer les stocks de la Seconde Guerre mondiale toujours disponibles en quantité au début du conflit. Face à la sécurité défaillante de ces vieilles munitions (*voir la catastrophe du Forrestal en 1967*), le Pentagone commanda de nouvelles bombes destinées à être larguées par n'importe quel bombardier ou avion d'attaque, quel que soit le service. La plus petite était la Mk 81 avec une charge de 113 kg mais elle s'est vite révélée insuffisante et la plus utilisée fut rapidement la Mk 82 de 227 kg, largable à l'unité ou en grappe avec les éjecteurs simple, triple (TER) ou sextuple (MER). La gamme montait en doublant la charge à chaque version, telle la Mk 83 de 454 kg ou la Mk 84 de 907 kg.

Ces bombes dites à faible traînée pouvaient être équipées d'aérofreins pour ralentir leur chute, avec un mécanisme d'explosion déclenché par un retardateur, ou de détonateur allongé installé dans le nez pour entraîner l'explosion avant le contact au sol. Ces armes sont toujours largement utilisées de par le monde, parfois équipées de kits de guidage (Paveway).

Roquettes Zuni de 5 pouces

La roquette Zuni Mk.32 est une arme tout-temps non guidée de 12,7mm qui a succédé à partir des années 1950 aux HVAR mises en service durant la Seconde Guerre mondiale. Elle était emportée en tubes de quatre coups.

COLLIMATEUR F-8 CRUSADER

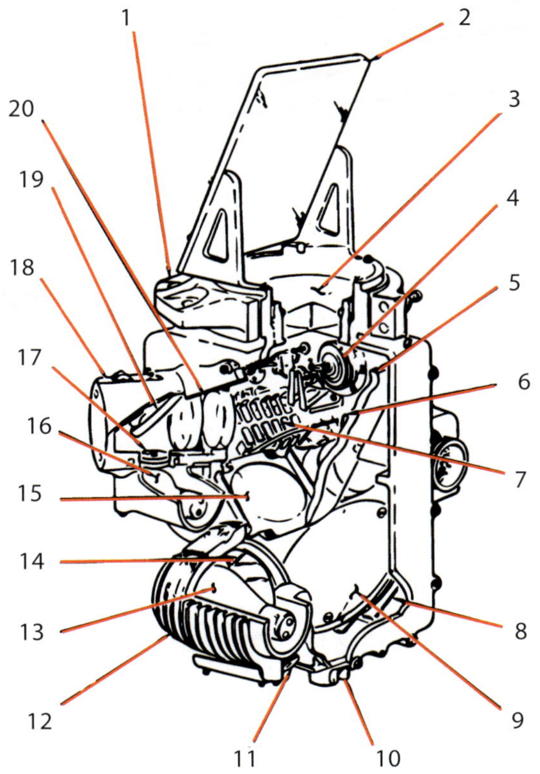

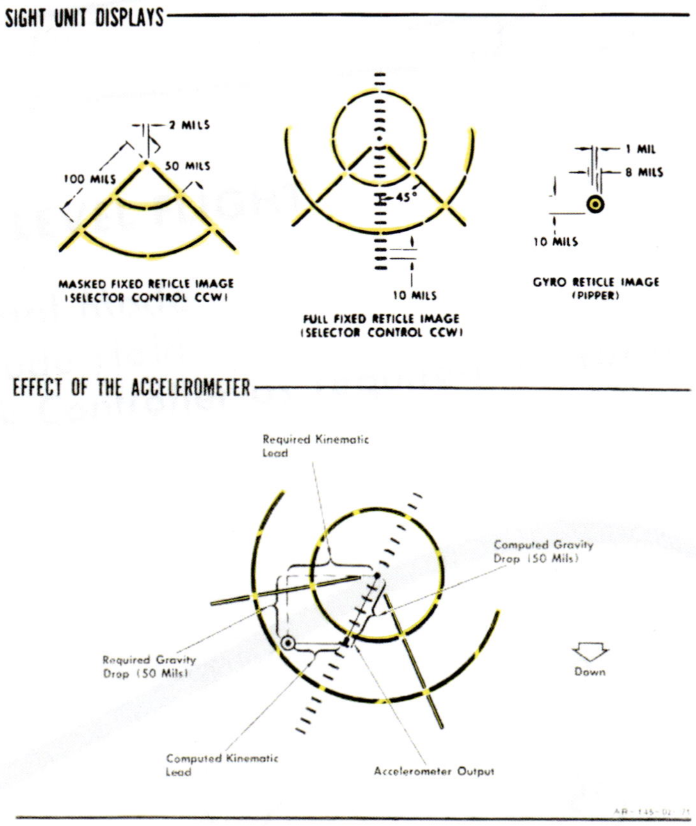

SIÈGE ÉJECTABLE MK-7

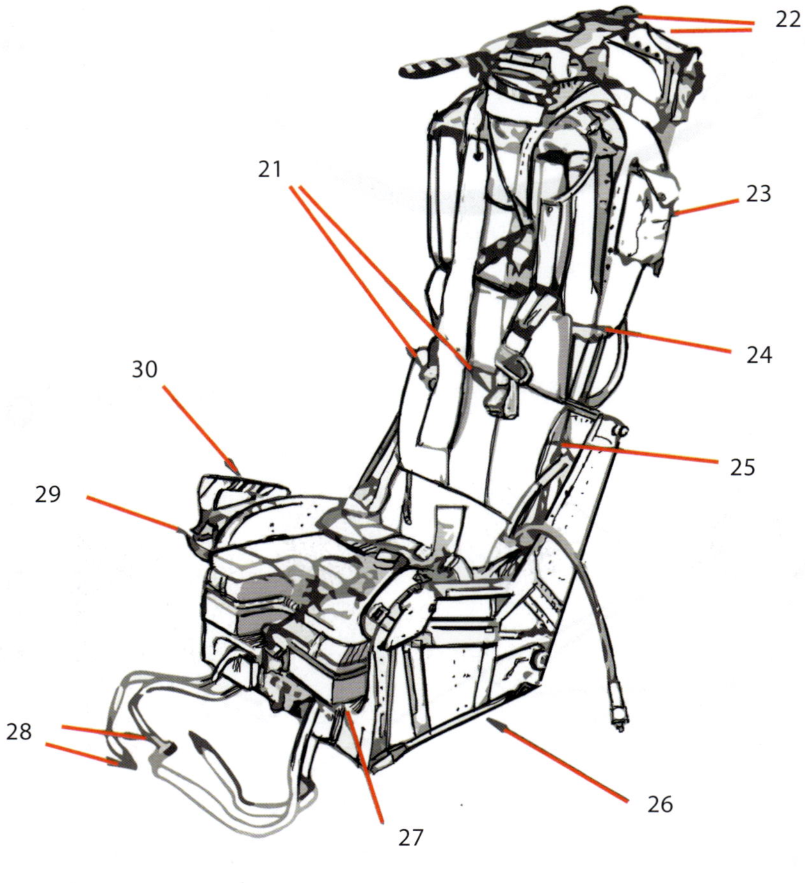

1 • Support du réflecteur de visée
2 • Réflecteur réglé à l'infini
3 • Lentille de l'objectif
4 • Déshumidificateur Mk 5 Mod 0
5 • Plaque frontale du réflecteur inférieur
6 • Réticule du gyroscope
7 • Prise du gyroscope Mk 35 Mod 1
8 • Support du miroir
9 • Miroir à réticule fixe
10 • Douille de fixation
11 • Branchement du câble d'alimentation
12 • Logement de l'ampoule
13 • Ampoule du miroir
14 • Support du réticule
15 • Miroir du gyroscope
16 • Éclairage du réticule du gyroscope
17 • Système d'ouverture
18 • Logement du condenseur
19 • Miroir du condenseur
20 • Lentilles du condenseur

21 • Harnais d'épaule
22 • Pointes de fragilisation de la verrière
23 • Sac de stockage des goupilles de sécurité
24 • Coque-container du parachute
25 • Dossier ajustable
26 • Dispositif d'éjection (situé sous la structure du siège)
27 • Kit de survie
28 • Lanières tirant les jambes vers l'arrière lors de l'éjection
29 • Déclencheur du mécanisme dit de guillotine
30 • Dispositif d'urgence de séparation du siège

AU COMBAT AVEC LES F-8,

La VF-191 embarquée sur le Ticonderoga a décroché une victoire air-air avec le LtCdr John B. Nichols qui abattu un MiG-17 le 9 juillet 1968. (Peter B. Lewis)

Le Crusader a d'entrée été conçu comme le chasseur ultime, avec ses quatre canons et sa capacité d'emport de missiles air-air, un concept qui a atteint son apogée avec le F8U-3 mort-né (auquel fut préféré le F4H-1 Phantom II). Ses évolutions, à l'instar de tout aéronef évoluant dans un contexte de guerre ouverte, l'ont vu s'ouvrir à l'attaque contre le sol et à diverses missions autant défensives qu'offensives.

La revanche du « Rital »

À cette époque où la Navy souffrait d'un taux de disponibilité assez moyen pour ses avions à hautes performances, les pilotes appréciaient ce jet rapide, vif et robuste. Être affecté à une flottille de F-8 était la marque d'une excellente maîtrise du pilotage et d'un fort tempérament de chasseur. La légende d'un avion est celle de ses pilotes et il y a de nombreux combats à raconter mais l'un des plus emblématiques s'agissant du Crusader est certainement celui de Philip Vampatella. Le « rital maigrichon » comme il était surnommé (« Skinny guinea », guinea étant un mot argot pour italien) n'avait pas brillé à l'école mais la Navy lui a ouvert les yeux et donné la vocation… et un F-8 Crusader ! Il faillit être le premier à ouvrir le tableau de chasse des F-8 au Viêt Nam le 12 juin 1966, alors qu'il couvrait le vol retour d'une force d'attaque d'A-4 des VA-212 et 216 à l'est de Hanoi, mais ses canons et ses missiles lui jouèrent quelques tours, habituels à l'époque, qui l'empêchèrent de remporter le combat aérien qu'il avait engagé. Son leader, Al Marr, réussit à ouvrir le score du F-8 avec une victoire sûre et une probable (*voir chapitre Kill MiG*).

Vampatella eut sa revanche le 21 juin mais c'est lui qui raconte le mieux cette histoire : « *Le 21 juin 1966 fut un grand jour dans ma vie, un jour qui a mis mon pilotage à l'épreuve ainsi que mon courage, ma foi et mes émotions. C'est un jour qui aussi a vu la capture de deux de mes camarades. Un jour qui a imprimé des images terribles qui me hantent toujours cinquante ans plus tard.*

La mission du jour était l'escorte de huit bombardiers A-4 sur un objectif qui se trouvait à environ 75 km au sud de Hanoi. Quatre F-8E Crusader de la VF-211 de l'USS Hancock était chargés de leur couverture. L'un des quatre a eu des problèmes mécaniques et n'a pu être catapulté. Le chef de division était le LCdr Cole Black avec le Lt Gene Chancy comme ailier, je composais la 2e section à moi tout seul. Au même moment, à environ 55 km au nord de la cible, un RF-8 de reconnaissance piloté par le Lt Len Eastman était en mission photo escorté par mon copain de chambrée, le Lt Dick Smith. Notre attaque se déroula sans problème et alors que nous couvrions le retrait des bombardiers, Dick Smith nous a informés par radio de la perte d'Eastman.

F-8E de VF-211 préparé au catapultage sur le Bon Homme Richard en 25 avril 1971. Toutes les victoires air-air des Crusader ont été obtenues entre 1966 et 1968. (US Navy)

Aileron de l'avion de Phil Vampatella, photo prise par le pilote à son retour. Il trouvait l'avion un peu dur au pilotage sur son vol retour... (Philip Vampatella)

TOUCHÉ MAIS VINDICATIF

Une fois les A-4 en sécurité, Cole a décidé de remonter au Nord et de rejoindre Dick pour assurer la protection du pilote tombé. Une fois sur zone, j'ai rassemblé sur Dick et nous étions désormais quatre Crusader de la VF-211 en orbite à 2000 pieds, espérant l'arrivée prochaine d'un hélicoptère de sauvetage. Après deux ou trois minutes, j'ai senti et entendu un gros bruit et j'ai immédiatement compris que j'avais été touché par la DCA. J'ai fais le tour des instruments mais tout semblait marcher normalement. Le moteur, l'hydraulique et les systèmes électriques fonctionnaient donc je décidais de rester sur place. On a découvert plus tard que mon appel de détresse lancé par radio n'avait même pas été entendu.

Après encore quatre ou cinq minutes en orbite au dessus d'Eastman, le carburant commençait à être bas, Cole a nous a ordonné à Dick et à moi, de trouver un ravitailleur et de revenir afin que lui et Gene puisse ensuite faire la même chose. L'idée était de rester sur place aussi longtemps que possible. Dick et moi volâmes donc vers la côte et éloignés de quelque 25 km, nous entendîmes Cole crier « Tally-ho, MiGs ! ». Dick s'est immédiatement engagé dans un virage serré pour retourner sur zone tandis que j'essayais de rester collé à lui mais je réalisais alors que mon appareil avait été sérieusement touché, même s'il semblait fonctionner normalement. Il tremblait et le nez s'enfonçait en virage mais je me trainais à quatre ou cinq seconde derrière Dick.

Ce que je vis en arrivant ressemblait à une grande mêlée chaotique de F-8 et de MiG-17 qui plongeaient et viraient continuellement pour se placer en position de tir. L'un des Crusader était poursuivi par un MiG-17 mais ne sachant pas de qui il s'agissait, je lançais un « break à droite ! » frénétique à tous les Crusader pour que le gars concerné réalise la situation. L'appel ne fut, encore une fois, pas entendu et au bout de quelques secondes, l'arrière de l'avion de Cole explosa et il s'éjecta.

Nous avions désormais deux pilotes au sol. J'étais résolument déterminé à venger Cole et alors que me rapprochai du MiG, deux autres passèrent sous mon nez, de droite à gauche. « Meilleures cibles » me dis-je, donc je virais à leur poursuite mais un coup d'œil dans mon rétroviseur gauche me glaça le sang… juste derrière moi, un autre MiG-17 tirant de tous ses canons.

Le MiG-17 était armé de deux canons de 23mm et d'un de 37mm et les trois me tiraient dessus ! Je passais à la défensive, laissais tomber les deux autres et me concentrais pour contrer mon attaquant. Je m'engageais alors dans un virage serré mais cela mit en évidence les sérieux dommages de mon avion. Il résistait et le nez partait à gauche et à droite. Je devais trouver autre chose. Je m'engageais dans une plongée que j'espérais pouvoir récupérer au ras des arbres pour essayer de décrocher le MiG mais il s'accrochait fermement à mes six heures ! Bien que très bas en carburant désormais, il me fallut mettre la postcombustion pour prendre de la distance. Le F-8 était bien plus rapide que le MiG mais à plus de 600 nœuds au ras des arbres, mon casque martelait la verrière et il me fallut ralentir. Jetant un œil par-dessus mon épaule, je vis le MiG faire demi-tour, probablement lui-même à cours de fuel.

CHOIX CORNÉLIEN

Je me suis trouvé face à un intéressant dilemme. J'étais très bas en fuel, avec juste assez pour rejoindre la côte mais guère plus. Nous avions deux pilotes au sol et potentiellement un troisième… moi, qui risquais de finir comme mes compagnons. La défaite était totale. Ma superbe, et très enceinte, femme au pays angoissait à chaque pilote abattu et je n'étais pas sûr qu'elle supporterait ma capture. Que devais-je faire ?? Le choix n'en était pas vraiment un, en fait.

Je fis demi-tour et me rapprochait rapidement du MiG. J'entendis le grognement du Sidewinder qui accrochait sa cible et alors que j'allais tirer, la voix de Gene résonna dans mon casque : « Nickel 4 (moi), où es-tu ? ». Je lui répondis : « Je suis sur le point de balancer un missile dans le cul de ce mec ! » et je tirais. Le missile fila tout droit et explosa sur la partie arrière gauche du MiG qui partit brutalement vers le sol traînant une grosse fumée noire. Je n'avais plus assez de carburant pour attendre de voir le pilote s'éjecter ou se crasher.

Je tournais vers la côte et appelais un tanker à l'aide. Remonté à 20 000 pieds (6 500m), je retrouvais un A-4 ravitailleur, piloté par Art Culver, mais sa nacelle était vide car il avait déjà ravitaillé d'autres appareils. (photo Ch4-8) Nous avons évalué la possibilité qu'il transfère une partie de son propre carburant dans la nacelle pour que je le récupère. Nous sommes convenus que s'il m'en passait la moitié, nous aurions tous les deux quoi rentrer vers le Hancock, faire un passage et tirer le manche pour s'éjecter. J'enquillais avec seulement 90 kg de fuel à la jauge et nous avons apponté sur les vapeurs. Saufs tous les deux !
J'ai eu une vie très intense et bien remplie mais je revois tous les jours l'image de l'avion de Cole Black explosant et ce MiG-17 dans mon dos me tirant dessus de tous ses canons. »

Mission Air-Sol et escorte

Parmi les nombreuses missions attribuées aux Crusader se trouvait l'attaque au sol mais le Lieutenant Phil Wood de la VF-24 sur F-8C embarqué sur le *Bon Homme Richard*, aussi surnommé le « Bonnie Dick », rappelle que le F-8 n'était pas la plate-forme idéale pour ce type de mission.

Il relate dans son livre la première mission menée dans Hanoi avec des bombes guidées Walleye. Elles furent larguées par deux A-4 de la VA-212 escortés par six F-8 pour contrer les MiG et six autres pour s'occuper de la DCA. « *Le F-8 était vraiment mauvais dans ce rôle mais nous voulions un maximum de chasseurs pour un minimum de bombardiers. C'était un compromis. Les pilotes de Crusader n'étaient pas assez formés au largage de munitions air-sol et le F-8 n'avait pas de viseur adapté au bombardement. En plus, il emportait des roquettes Zuni au lieu des bombes Rockeye à fragmentation qui éradiquaient totalement les sites de DCA. [...] Mais aussi loin en « territoire indien », vous vouliez un maximum de chasseurs autour et c'est à nous que c'est revenu.* »

La route choisie évitait le vol direct afin de garder l'élément de surprise et pour le retour, c'était chacun pour soi pour filer vers les tankers. Tandis que Robbie Lee menait les Crusader anti-DCA, Wood dirigeait l'escorte. La formation entra au Viêt Nam via le Laos et entendit le piquet radar annoncer que les MiG étaient en l'air pour intercepter ce qu'ils croyaient être des F-105 venus de Thaïlande. Erreur fatale. « *Ils ont lancé leurs MiG vers nos F-8, pas vraiment le même genre de fauve qu'un « Thud », sans même parler de la douzaine de pilotes de chasse très agressifs aux commandes de ces Crusader, chacun très désireux de se payer un MiG.* »

En arrivant sur Hanoi, Lee annonça un MiG solitaire qui allait s'en prendre à un A-6 d'une autre formation mais son rôle lui interdisait de le poursuivre. Wood enclencha donc la PC pour intercepter le MiG-17 et entendit rapidement le signal d'acquisition de son missile accrochant la tuyère du MiG. « *Avec la PC, j'approchais rapidement. Mon Dieu, j'étais terriblement excité ! Je tirais un missile. Stupide. Trop de G mirent le Sidewinder hors de l'enveloppe de tir. Le missile a commencé à poursuivre le MiG mais il n'a pas pu tourner assez serré. Il est parti en vrac derrière l'objectif mais il attira l'attention du pilote adverse. Me voyant, il vira à droite, laissant l'A-6 et plongeant vers le sol. J'étais maintenant trop près pour un missile malgré une bonne solution de tir [...] Alors qu'il apparaissait dans mon collimateur, je tirais deux longues rafales. Sans résultat bien qu'étant trop près pour rater.* »

Attaque de la caserne de Hai Dong par les appareils du groupe 14 du Constellation le 4 octobre 1967. (US Navy)

F-8E de la VF-111 en mission de soutien sur le Sud Viêt Nam. Si le Crusader pouvait effectuer ces missions sans problème, les pilotes de la Navy n'étaient pas à l'aise car peu formés (US Navy)

Victoire amère

Parti à la poursuite du MiG et sans son ailier Bill Metzger, Wood se retrouva sur Hanoi où ça tirait dans tous les sens. Il vit les A-4 se placer pour tirer les Walleye et deux MiG tomber en flammes, l'un d'eux abattu par Lee. C'est alors qu'un MiG-17 le prit à partie et lui tira dessus mais il parvint à se placer favorablement. « *J'armais mes missiles et le mis dans mon viseur. Le missile grogna. Je tirais et la demi-seconde qui s'écoula avant le départ de mon second missile m'a paru une éternité. Alors que le « 'Winder » quittait le rail gauche, il tomba et partit apparemment non guidé. Puis il partit en légère montée vers la tuyère du « bandit ». L'impact coupa net toute la partie arrière et le MiG partit paresseusement en plongée et décéléra rapidement. Alors que je m'approchais par son arrière, le pilote s'éjecta et son siège l'emmena haut et loin de son avion. Je passais si près de lui que je vis la couleur de ses yeux et les badges de sa combinaison. Il se sépara de son siège mais j'ai vu son parachute se mettre en torche, j'ai tristement compris qu'il n'allait pas survivre. La seule consolation est qu'il ne serait pas puni par ses supérieurs pour avoir perdu son chasseur...* »

Ce 19 mai 1967, Metzger et Kay Russell de la VF-211 tombèrent au combat, contre quatre MiG-17 au tapis et des dégâts réduits contre la centrale thermique de Hanoi. Endommagé, Wood se retrouva sans radio, sans navigation, sans climatisation, avec un moteur défaillant et bas en carburant mais il rassembla au large avec Paul Speer de la VF-211 qui lui obtint un Skywarrior de ravitaillement. Alors qu'une légère fumée commençait à envahir le cockpit, il aperçut un porte-avions. Se présentant hors procédure standard avec un A-4 juste devant lui, il put se poser en urgence une fois l'A-4 écarté, le moteur explosant au moment de l'appontage. Le pilote était sauf, l'avion endommagé au-delà de toute réparation... mais sur le pont du *Kitty Hawk* ! Navire qu'il commanda dix-sept ans plus tard !

Pilotes du 925e Régiment discutant du combat aérien devant leurs MiG-19 d'origine chinoise en 1971. Plus de 50 de ces chasseurs furent livrés mais c'est le MiG-21 qui restait le principal chasseur du nord. (Vietnamese News Agency)

Appontage sur le pont de l'Oriskany fin novembre 1967. L'avion a encore ses missiles, donc pas de mauvaise rencontre. (US Navy)

Catapultage d'un F-8J de la VF-51 depuis le Bon Homme Richard. L'unité a obtenu deux victoires aériennes en 1968. (US Navy)

Fin de carrière

La vie de pilote de chasse est intense et les missions de guerre demandent souvent un prix élevé qui se paie longtemps. Sur les 170 Crusader perdus durant le conflit vietnamien (dont 31 RF-8), 22 pilotes finirent la guerre dans les geôles ennemies, 49 furent tués et deux furent portés disparus. Ces chiffres sont allés en déclinant au fur et à mesure qu'avançait le conflit. Il y a deux raisons à cela. Premièrement, le nombre d'engagements air-air impliquant des Crusader est plus réduit que pour d'autres chasseurs, comme le F-4, ou même bombardiers, tel le F-105 (qui reste le meilleur chasseur-canon du conflit !). Deuxièmement, la carrière opérationnelle du F-8 au Viêt Nam fut de plus courte durée et déclinante alors que celle du Phantom II couvre la totalité de la guerre avec un nombre croissant d'avions, les F-4 remplaçant même les F-8 dans nombre de flottilles pendant le conflit.

Référence :

Wildcat to Tomcat, the Tailhook Navy de Zeke Cormier et Wally Schirra, Phallanx 1995 l'Escadrille des

TÊTES BRÛLÉES

4 - Corsair contre Zéro

Scénario : Pierre Veys
Dessins : Sébastien Philippe & Vincent Jagerschmidt
Couleurs : Rémi Le Capon

Les Japonais s'entraînent pour leur mission spéciale visant à détruire les Têtes Brûlées. Ils ont installé une hydrobase et s'exercent avec les hydravions pour attaquer une base par surprise.
Le capitaine Hammond se révèle être un as redoutable. La compétition s'installe entre lui et Boyington...

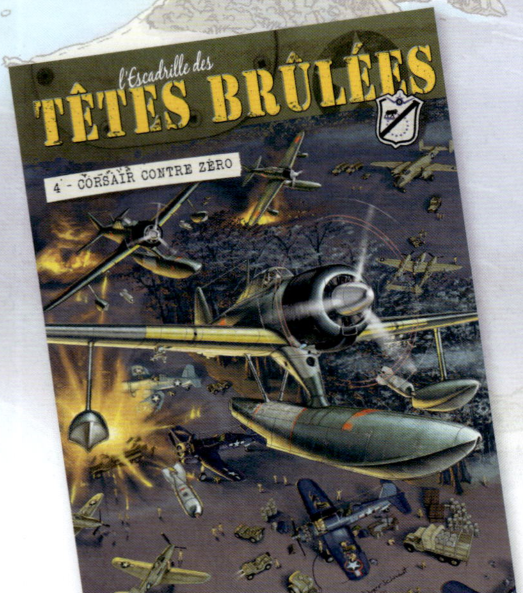

ISBN : 978-2-36118-138-3

NL
USS CORAL SEA
NAVY
VF-154
14-